U0347278

创业三十六忌

高手的敬畏
与成功之道

徐井宏 朱天博 罗飞

等著

机械工业出版社
CHINA MACHINE PRESS

图书在版编目（CIP）数据

创业三十六忌：高手的敬畏与成功之道 / 徐井宏等著 . —北京：机械工业
出版社，2024.3
ISBN 978-7-111-75163-2

I.①创… II.①徐… III.①创业 IV.① F241.4

中国国家版本馆 CIP 数据核字（2024）第 039438 号

机械工业出版社（北京市百万庄大街 22 号　邮政编码 100037）
策划编辑：李文静　　　　　　　责任编辑：李文静　　何　洋
责任校对：王乐廷　　张　征　责任印制：张　博
北京联兴盛业印刷股份有限公司印刷
2024 年 3 月第 1 版第 1 次印刷
147mm×210mm・9.75 印张・3 插页・177 千字
标准书号：ISBN 978-7-111-75163-2
定价：79.00 元

电话服务　　　　　　　　网络服务
客服电话：010-88361066　机　工　官　网：www.cmpbook.com
　　　　　010-88379833　机　工　官　博：weibo.com/cmp1952
　　　　　010-68326294　金　书　网：www.golden-book.com
封底无防伪标均为盗版　机工教育服务网：www.cmpedu.com

前车之鉴知兴衰

在这个剧变与机遇并存的时代，创业成为无数人追求梦想的路径。然而，创业之路并非一帆风顺，充满了挑战与未知。在这个过程中，我们需要不断地学习、实践和反思。《创业三十六忌：高手的敬畏与成功之道》这本书，正是为那些怀揣梦想、勇敢迈向创业之路的朋友们，提供的一份宝贵的行动指南。

这是一本关于创业实战经验与教训的书，主要作者徐井宏是北大"隔壁"院校的高人，更是我平时相知相交的好朋友。我们经常在一起切磋企业经营之道，也一起就企业发展中的问题进行深刻探讨。更加弥足珍贵的是，井宏兄一直热心于指导年轻人创业，深知一个国家的可持续发展，仅靠一代企业家是不足以完成使命的，还需要一代又一代新的创业者。

在指导年轻人创业的过程中，他不断总结经验，给予年轻人十分切合实际的指导。本书就是他结合几十年的企业孵化和创业投资经历，为广大创业者提供的 36 个实用的创业经验和建议。这些经验和建议，既有对创业过程中可能遇到的困难和挑战的剖析，也有对卓越创业者的智慧和品质的赞美。在阅读这本书的过程中，我能够感受到一种敬畏之心，这种敬畏之心源于对创业的尊重，也源于对成功的渴望。

创业路上，我们需要敬畏市场、敬畏客户、敬畏竞争对手等。只有心存敬畏之心，我们才能在面对困难和挑战时，保持冷静和理智，从而做出正确的决策。同时，心存敬畏之心也是我们对自己的要求。我们要时刻保持谦逊和低调，只有不断地学习和进步，才能在激烈的市场竞争中立于不败之地。

成功并非偶然，而是源于创业者的智慧和品质。在本书中，作者通过36句《道德经》经典名句和36幅漫画，向我们展示了成功创业者的"道"与"术"。这些智慧包括"道常无为而无不为""圣人抱一为天下式""治大国若烹小鲜"等，是创业者在创业过程中必须具备的，也是在时代变革中保持基业长青的关键。

总之，《创业三十六忌：高手的敬畏与成功之道》是一本饱含智慧与富有温度的创业行动指南。我衷心希望这本书能够成为广大创业者的良师益友，助力他们在创业道路上取得成功。同时，我也希望广大创业者能够将这本书作为创业枕边书，不断地学习和体悟，为实现自己的创业梦想而努力奋斗。

俞敏洪　新东方创始人、新东方教育科技集团董事长

有不为方有所为

简约是一种思维方式，也是一条成功路径，还是一扇通向幸福之门。

简约就是把复杂问题简单化，直击事物的底层逻辑。

每个人都会走弯路。但是，为什么人们的生命质量差异很大呢？其中一个原因就是有的人走的弯路多一些，有的人走的弯路少一些。

一个事实是：我们通过学习和借鉴前人的经验与教训，能够减少走弯路的成本，起码可以不犯或少犯低级错误。提升认知、进化思维，会使成功的概率增加。

几十年来，我幸运地参与了一些企业的创立和发展，经历了它们从 0 到 1000 的全过程，涉猎了各种各样的行业。更幸运的是，我过去不仅运营自己的企业，还孵化和投资了一些企业。这使我见证了成千上万个创业企业的起起伏伏、生生死死，并从中积累了一些经验，尤其对创业者在各个阶段所犯的错误、所掉进的那些"坑"有了一些体会，形成了"企业的成功充满个性，而企业的失败有共性可循"的观点。

几年来，承蒙志同道合的朋友以及创业者和年轻人的信任和帮助，我梳理出"简约商业思维"，其中包含了"创业三十六忌"，经以多种方式与创业者乃至各行各业的人分享研讨，逐步完善其内容，再由一批伙伴共同参与，最终编写成这本《创业三十六忌：高手的敬畏与成功之道》。我希望本书能够帮助创业者以及每个读者少走一些弯路，少撞一些南墙，少踩一些"坑"。

　　此刻，我在中关村创业大街写下这篇序。昨天刚在这里完成了"简约·创业团队 365 护航计划"的一次授课，同学们的学习感言犹在耳畔，我的思绪还沉浸在与他们一起成长的喜悦和美好中。可以说，"简约"是他们以及成千上万的创业者和我一起创建的。我希望能有更多的人来一起共创"简约"，探讨之、充实之、完善之，抑或批判之、修正之，从而让更多的人受益。

　　其实，我还有一个更美好的梦想，就是把"简约商业思维"延伸到"简约幸福人生"，帮助人们活得更靠谱些、更智慧些、更幸福些。这便是我做此事的初心。若果真能如此，今生再无憾事。

　　《创业三十六忌：高手的敬畏与成功之道》虽是写给做企业的人的，但是任何人都可以参考借鉴。

徐井宏　"简约商业思维"创建者、
中关村龙门投资董事长、清华大学教授

高手的敬畏与成功之道

真正的高手，往往更懂得知止。

真正的高手，往往不是学习更多的知识与术，而是更敬畏基本的常识与道。

知止不殆，亦是一种成功之道。

一、我们为什么要写这本书

创业如登山，我们可以逢山开路，也可以遇谷填石，登上梦想的高峰。

创业如渡河，我们可以临渊搭桥，也可以静待河面冰封，抵达理想的彼岸。

创业如探索新大陆，面对未知与挑战，我们首先要做的不是催促众人去收集木材和造船，也不是忙着分配工作和发布号令，而是激发众人对星辰大海的向往。

在探索新大陆的航行中，会遭遇风暴、会迷失航向、会触碰暗礁，我们需要有足够的智慧、勇气和毅力去面对各种挑战，要顺势而为，要以终为始，要迎难而上，更要知止不殆。

我们旨在为创业者提供一份宝贵的避险地图

与创业指南，希望通过漫画故事、商业案例、创业者的"道"与"术"，针对创业路上的各种"坑"，提前给予预警和应对之策。

二、这本书适合谁阅读

已有创业经验，希望能提升企业家素质和综合能力的创业者和创业团队。

对创业感兴趣，希望能提升商业认知、管理和领导能力的职场精英和超级个体。

创业服务、创业投资、创业教育和创业研究行业的同仁。

对商业案例、商业思维、商业哲学和创业方法论感兴趣的广大读者。

三、这本书有哪些价值点

以常见问题为导向。"三十六忌"均来自创业者日常经常遇到的痛点和问题，通过漫画中几名弟子各不相同的多元观点和师父直击本质的精准指点，启发创业者的自我反思和觉察。

以辩证思维为基石。书中每篇文章都引用了《道德经》中的经典名句，如"道常无为而无不为"，培养创业者对立统一的辩证思维："无为"并非不做事，而是道法自然，从而"无不为"，自然而成。

以真实案例为对标。他山之石，可以攻玉。书中通过解析众多真实商业案例中存在的本质问题，帮助创业者从前车之鉴中吸取经验和教训，习得应对之策，避免重蹈覆辙。

以简约之道为体系。创业之路充满挑战和变数，创业者只有以简驭繁，做到"简约商业思维"核心的12个字——把握本质、遵循常识、聚焦关键，才能以不变应万变，少走弯路，从而事半功倍。

本书还为创业者提供了许多实用性的内容，比如：如何选择合适的创业项目？如何组建一个高效的团队？如何进行有效的市场推广？如何实现企业的可持续发展？等等。这些高关注度的问题都是创业者在创业过程中必须面对的，书中均提供了相应的指导。

最后，希望《创业三十六忌：高手的敬畏与成功之道》这份用心众创的避险地图与创业指南，能够帮助创业者在奔向星辰大海的航行中，避开风暴和暗礁，不再迷航，早日抵达梦想新大陆！

朱天博 "简约商业思维"主理人、
中甬投创始合伙人、新华通讯社原记者

目 录

CONTENTS

XIII

XV

| 漫画人物介绍 |

 师父（简约商业思维创建者徐井宏老师）： 经历过企业"从 0 到 1000"的全过程，见证过成千上万个创业企业的生死起伏，有近 30 年的创投实战经验。

 创一（唐僧）： 象征具有"家国情怀"的创业者。这类创业者懂使命、有担当，致力于创造社会价值，心中有大爱，胸怀宽广，因为自身的格局和精神，往往会吸引众多的追随者，共同完成一项伟大的事业。

 创二（诸葛亮）： 象征具有"学者智慧"的创业者。这类创业者懂知识、有逻辑，拥有贯通古今中外的视野，不仅广泛关注事物的现象，还能深刻洞察事物的本质。

 创三（范蠡）： 象征具有"商业思维"的创业者。这类创业者懂市场、有判断，以市场作为一切的出发点和落脚点，时刻关注市场和用户的反馈，在此基础上进行决策。

 创四（黄蓉）： 象征具有"江湖行动"的创业者。这类创业者懂规则、有信誉，意志顽强，善于突破障碍，即使不具备条件，也能创造条件，获得成功。

第一忌
随波逐流

我追上了风口，然后
掉进了坑里

创四：师父好，我想创业，您觉得现在有什么风口可以推荐吗？

创二：我觉得元宇宙现在挺火的。

创三：我觉得预制菜离钱更近些。

创一：师父说过，如果没有想好做什么，就不要创业了，创业不是赶上风口就能成功的。

师父：你真正热爱和擅长的是什么？创业是为了什么？你首先得想清楚这两个问题。

创业三十六忌
之随波逐流

以价值创造为目的，
以自身能力为根本，
以资源资本为前提，
以市场调研为依据。

简约
商业思维

很多创业者看到媒体或资本吹捧的风口，往往来不及深入思考就匆匆入局，认为自己做了一定会成功，但真正开始创业之后，却得到一个惨痛的教训——风口不完全等于机会，也可能是陷阱。

各行各业中，失败的企业都有相似之处：踩着风口进场，但在产品、战略、运营方面随波逐流，就像追涨杀跌的散户一样，偶尔可能超常发挥，但最终大概率仍是交"智商税"，成了"陪跑选手"。

比如之前的"百团大战"。看到 2008 年成立的 Groupon 网站两年半时间内融资 10.6 亿美元、估值 250 亿美元，大获成功，VC（风险投资人）和创业者们眼热心跳，纷纷涌入团购赛道。2010 年，满座网、美团、拉手网相继成立，迅速拉开"百团大战"的序幕。

当时的团购市场有多火热呢？2011 年 8 月，市场上的团购类企业约 5000 多家，"百团大战"已进化为"千团大战"。其中，大部分企业都是因为市场火、门槛低进入的，当时一套团购系统加上支付系统、短信服务等，总成本也就 1 万元左右。

竞争这么激烈、赛道这么拥挤，怎么冲出一条路来？

很多团购企业没有独特的产品，也没有自己的核心竞争力，就跟着别人走，"烧钱"打广告，抢夺用户流量。大量无效的广告投放之后，市场费用涨了 10 倍，而规模只扩大了一倍。钱烧着烧着就没了，于是，2011—2014 年间，90% 以上的团购网站黯然退场。

到 2014 年，美团、百度糯米、大众点评三家占据了绝大部分团购市场，其他家基本确定了出局的命运。

2015 年，美团吞并大众点评从此一家独大；而百度糯米挣扎了几年，最终在 2022 年 9 月发布了下线公告。

尽管"百团大战"早已收尾，可商业世界中的风口仍一个接着一个：共享经济、智能穿戴设备……创业者们再次前仆后继地涌入，然而 99% 的创业者又都倒在了沙滩上。

踩了一次次坑，创业者们最终才明白：哪怕是处于风口上的机会，如果不是自己真正想做的、能做的、可做的，它就是陷阱。

哪怕是处于风口上的机会，
如果不是自己真正想做的、能做的、
可做的，它就是陷阱。

02

在创业之前，有三件事必须想清楚：我想做什么？我能做什么？我可做什么？

想做，问的是初心

这也正如《道德经》中所说："众人皆有以，而我独顽似鄙。我独异于人，而贵食母。"我们的内心要有所坚守。

创业可以是为了挣钱，但怎么挣钱？创造了市场价值才能挣钱。商业的本质是创造客户价值，创业的初心也一定要以创造价值为目的。

所以，创业者一定要问自己：我想提供什么样的产品或服务？它有什么价值？能够解决市场的什么问题？怎么能得到消费者的喜爱？

只有想做的事情是有市场价值的，才有可能持续地走下去。

能做，靠的是能力

以自身能力为根本，以资源资本为前提，创造出新的价值并投入市场，这是初创企业的关键。比如，做科技型企业，要具备核心技术和研发能力；做服务型企业，要有好的产品、服务或解决方案。

有自己的优势，能整合资源，做出别人没有的产品或者比别人更好的产品，这样才能够大大提高创业的成功率。

可做，看的是市场

市场是一切的出发点和落脚点，创业要以市场调研为依据。

如果市场不需要你的产品或服务，那么你的产品或服务再好也卖不出去。大多数科技成果从科研机构走到"进入市场、确定价格、实现转化"，一直以来都是路途坎坷的。《2022 年中国专利调查报告》就显示，2022 年高校发明专利实施率为 16.9%，专利产业化率为 3.9%[⊖]。所以，创业者一定要具备商业思维，以市场需求为导向。

比如，五年前就有很多企业进入 AR（增强现实）、VR（虚拟现实）等智能穿戴领域。大家都认为 VR 眼镜是一个非常有前途的产品。但是五年前就开始做智能穿戴设备的企业，今天 90% 的都不见了。科学家可以超前十年研究国际领先技术，但企业家在商业帝国的争夺战中只能快行半步，快行一步的往往就成了"先烈"。

就像图 1-1 所示的思维模型，洞察不断变化的外部环境，找到想做、能做、可做三者的交集——该做，才是最好的创业选择。

⊖ 国家知识产权局战略规划司，国家知识产权局知识产权发展研究中心 .2022 年中国专利调查报告 [R]. 2022.

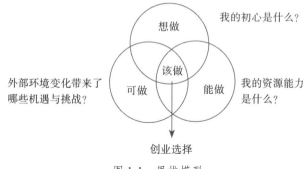

图 1-1　思维模型

　　创业是用你的创造、用你最擅长的本领，为市场提供应有的价值，而不是盲目地追逐风口。

今 / 日 / 笔 / 记

以价值创造为目的，以自身能力为根本，
以资源资本为前提，以市场调研为依据。

第二忌

叶公好龙

心动到行动，先找真热爱

曾经创业大潮涌来，有的人为了随大流、赶时髦而创业；有的人为了逃避日常工作而创业；有的人甚至什么都没想清楚，为了创业而创业，最后在半途就偃旗息鼓、折戟沉沙。

《道德经》有言："贵以身为天下，若可寄天下；爱以身为天下，若可托天下。"像重视自己的身体一样重视天下，像爱惜自己的身体一样爱惜天下，只有这样的人，才可以担当治理天下的重任。

治理天下的前提是真正地重视、爱惜天下。同样，创业的前提也是真正热爱自己所要创造的事业。

如果没有热爱，在创业这条孤独而艰难的道路上，就很难坚持下去。

很多企业家，比如小米创始人雷军，在回顾自己的创业之路时，都曾发出过类似的感慨："创业真不是人干的事，都是阿猫阿狗干的，一个正常人绝对不会选择创业。因为一旦选择创业，就选择了一个无比痛苦的人生——充满了压力、困惑、别人的不理解甚至是看不起。真正能取得成功的只是极少数，绝大部分创业者都成了铺路石。"

创业九死一生。曾有报告指出，中国的中小企业平均寿命在 3 年左右，成立 3 年后的小微企业，能持续正常经营的约占 1/3[⊖]。这些数据的背后，是无数失败的创业者。能够创业成功固然好，如果失败，我们如何坦然面对？

即使不考虑失败，创业也远比普通工作辛苦得多，不只是体力上的劳累，更是心理上的考验。一个创业者的日常大概就是：早出晚归，常态加班，全年无休，娱乐归零，应酬不断，甚至还可能面临合伙人出走、外界环境雪上加霜等问题。

面对这些枯燥、挑战、冲突、迷茫、绝望，我们又如何才能不退缩、不放弃？

只有当我们无限热爱时，才有满腔热血支撑下去，奋不顾身地投入，甚至以苦为乐地享受。

这是信念的力量——你认为你是孤独的，你就是孤独的；你认为你是快乐的，你就是快乐的。

⊖ 中国人民银行，中国银行保险监督管理委员会.中国小微企业金融服务报告 (2018)[M].北京：中国金融出版社，2019.

02

热爱也有"真热爱"和"假热爱"之分，怎么判断自己创业是出于真正的热爱？

相传在春秋时期，楚国有一个人叫沈诸梁，人们也称他为叶公。他非常喜欢龙，家里所用的器具和摆设上都有龙的图案。走进他的家里，就像走进了龙的世界。他喜欢龙的事情流传开来，就连天上的真龙也知道了，想和他见一面。有一天，真龙来到了人间，出现在他面前，可叶公一看见真龙就吓得拼命逃跑。原来叶公爱的并不是真龙，而是自己脑子里那个似龙非龙的臆想。

后来人们就把这个故事概括为成语"叶公好龙"，比喻表面上爱好某种事物，实际上并不是发自内心地热爱。

叶公好龙给了我们启示：真正的热爱不是纯感性的，不是停留在想象和感觉中的似是而非，而是深刻理解后的评判。要在理智上确信，我热爱自己创造的事业、热爱充满挑战的创业这件事。

真正的热爱也不是多个选择中的偏向，不是因为随大流、虚荣心而喜欢，而是源于发自内心的使命感。这种使命感不仅出于自我追求，还是站在他人的角度，渴望着用自己的能力为更多的人解决问题、满足他们的需求和创造价值。

选择创业，不能只是因为自己突然想做，而是要找到我想做、我能做、我可做的交集——我该做。把想去的地方和该去的地方真正统一起来，想去的地方就是该去的地方，该去的地方就是想去的地方。当然，首先要确定我们口头说的"想"是发自真心的"想"。

先想好自己是不是真正热爱，能不能坚定不移地走下去，再决定要不要创业。

今 / 日 / 笔 / 记

把想去的地方和该去的地方真正统一起来，

想去的地方就是该去的地方，

该去的地方就是想去的地方。

第三忌

动机含糊

创业之路，从市场出发

创一：师父，您帮我选个方向，我去创业吧！

创四：为什么突然想创业啊？

创一：其实是因为我们学校大学生创业可以抵学分。

创三：单凭这个动机，支撑不了你的创业之路啊。

师父：创业一定要解决市场的需求，而不要仅仅出于个人无关紧要的原因就去创业。

创业三十六忌之动机含糊

市场是一切的出发点和落脚点，创业要从市场需求出发，以创造客户价值为目的。

简约

商业思维

很多时候，创业者觉得自己的创业动机非常明确，比如看到了绝佳的商机，渴望实现自我价值，为了快速致富、希望有足够的工作自由度，或者出于父母的鞭策……这些动机本身没有对错之分，但对我们走上创业之路后的支持力大小却是有差别的。

01

　　一般而言，支撑我们创业的动机分为内在和外在两部分。

　　内在动机基于对自我的深层认知：我是谁？我从哪里来？我要到哪里去？我为什么要去那里？凭什么我能去？我如何去那里？

　　一遍遍地叩问，想清楚创业的原因是不是为了自我实现，是不是与自己的人生意义、人生使命相关。这是创业者应该有的基础动机。

除此之外，最关键的还是从市场出发，通过解决一个市场或者一部分人群的需求来确定自己的外在动机。

如果只是做一件自己觉得有价值的事，或推出一款自己觉得好的产品，但没有市场需求，没有人消费，那就是自娱自乐，最多只能说是一次尝试，而非真正的创业。

老子在《道德经》里说："圣人抱一为天下式。"圣人只守住道的原则，就可以把它作为天下所有事理的通则。同样，创业者、企业家也要牢牢抱住自己的"一"——始终以市场作为出发点和落脚点。企业提供的任何产品或服务一定要有市场价值，客户需要，客户觉得好，才会购买。

所以，创业的初心是以创造客户价值为目的。想清楚要给市场提供什么样的产品或服务，这个产品或服务能够解决市场的什么问题，怎样能够让消费者真正喜爱。这些是作为创业者、企业家必须考虑的问题。

只有内在和外在动机都清晰了，创业路上创业者才能有持续的动力，才可能在未来实现价值回报。

那么，我们怎样从市场出发？如何发现市场需求？

一个最简单的方法是去看看目前用户还存在哪些不

满、吐槽、疑问。这些就是市场需求，也是创业者的机会。

还可以换个角度思考：市场的需求其实就是人性的需求，而人性的需求并不复杂，基本可归结为两点——懒惰和好奇。

很多产品或服务都是在满足人的懒惰天性。比如外卖，我们坐在家里，用手机下个单，东西就能送到了；又如共享单车，从家到地铁站1千米的路程，随时从路边骑辆单车就到了。同样，还有各式各样的文化娱乐、知识科普产品，不断地推陈出新、更新换代，用新鲜感刺激和满足人们的好奇心。

现在我们谈到一些新产品，认为它们是在"创造需求"，其实本质上并非如此。比如手机从按键到触屏的进化，以前用手机打字需要一个个按键选择，现在在屏幕上滑动点击即可。省时省力地输出文字内容本就是在满足人的懒惰天性，触屏手机之类的新产品不过是以我们想不到的方式，更方便、更快捷地将它实现了。这些所谓的"创造"都没有超出人性的需求。

当然，除了懒惰和好奇，人还有其他的需求，如图3-1所示。马斯洛于1954年出版的著作《动机与人格》中提出人类需求层次理论，其中包含五类需求：生理需求、安全需求、归属需求、尊重需求和自我实现需求。随着社会的发展和人们消费能力的提升，我们的需求在不断变化，但所有的商业活动依然离不开人性的需求。

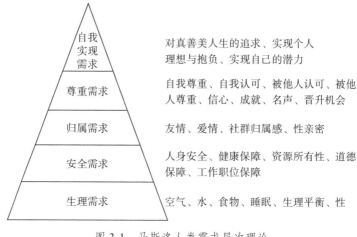

图 3-1　马斯洛人类需求层次理论

　　所以，创业者在思考动机时，首先应该问自己，从用户的角度、从市场的角度，我要解决什么问题，我要满足什么需求，然后把它做到最好。因为商业的本质就是把产品与服务做好，而产品与服务的好坏不是我们说了算，是用户说了算。

　　找到市场需求，并能行之有效地提供解决方案，创业就不是茫然和漫无目的的，就能少走一半弯路。

今 / 日 / 笔 / 记

市场是一切的出发点和落脚点，

创业要从市场需求出发，

以创造客户价值为目的。

第四忌

半途而废

走完 99 步，却在最后一步转身

创一：师父，创业好难啊！我做不下去了。

创二：你遇到什么困难了？

创一：经济形势不好，对手恶意竞争，团队也有点人心涣散。

师父：创业路上肯定困难重重。关键在于，你现在做的事是你所热爱的、擅长的、有价值的，并且可实现的吗？

师父：那就不要怕，既然选择了创业，就坚持下去。

创一：是的，我创业之前都想清楚了。

创业三十六忌
之半途而废

创业者必须具备一种精神：
以终为始，勇往直前。

简约
商业思维

如果我们的创业选择是有市场价值的，是自己擅长的，是可以一步一步实现的，那么接下来能否成功，就看我们能不能做到全力以赴、坚持不懈。

　　创业路上有一个常识，叫作"剩者为王"。

　　同一个竞争赛道上，大多数人中途撤退，小部分人坚持下来。选择撤退的创业者可能想到"坚持未必成功"，但没想过"放弃一定失败"。

　　就如挖井，挖到99米处仍没有水，可能再挖1米水就出来了。然而，我们常常会在99米处停下，只有坚持挖下去的人才能把水挖出来。

　　古人云："行百里者半九十。"这说的就是未能坚持到底、半途而废，甚至行到接近终点处，却因失去耐心、失去信心、失去勇气而放弃。其实，成功的路上从来不拥挤，因为坚持到最后的人并不多。

新东方创始人俞敏洪曾坦言："我在开始创办新东方的时候，是被生活所迫，因此谈不上喜欢。有几个和我同时创业的人，最后都耐不住寂寞和辛苦，半途而废了。但我没有别的事情好做，人又不够聪明，所以只能坚持下来，最后歪打正着，做成了新东方，也喜欢上了新东方。"

这个自白有些过谦，但确实说明了一个道理：商业世界里，坚持下来的企业往往更具备发展成为卓越企业的能力，或者说成功的概率更大一些。

如果你很清楚，自己是以正确的方法，在正确的时间，用正确的人，做正确的事，那么在创业中，只需要执行一个动作——握紧武器，勇往直前。

企业是在竞争中生存和发展的，和平时期的商场就是战场，创业本质上就是一场持久战。

打造极致产品，需要对每一个细节不断锤炼和优化；实现商业闭环，需要对商业模式反复验证和打磨；构建动态组织，需要与战略适配和团队共同成长。把这三方面都做到极致，才有可能超越竞争对手。其中的每个方面都需要投入大量的时间和精力，任何一个企业如果不在一个领域深耕十年，就不可能取得卓越的成就。

知乎积累了十年的高质量问答和优质的创作者社群，所以现在当其他互联网巨头，如百度问答等产品进入市场与其竞争时，无法靠短期的投入或者资本快速超越知乎。这是知乎坚持十年所取得的成果。

这场持久战困难重重，或有对手恶意竞争，或有合伙人定力不足，或有团队信任度不够，或有资金链的压力，或有外部的各种诱惑等。

所以，战略上要藐视对手，战术上要重视对手，一旦进入战斗，就要抱着没有退路的决心冲上去，发挥亮剑精神，全力以赴。正如《道德经》里所说："慎终慎始，则无败事。"我们要从始至终保持住冲劲。

创业是一条孤独且艰难的道路，对自己初心的笃定、克服一切困难的勇气、极其顽强的意志、百折不挠的精神，都是成功的创业者必须具备的素质。

每一个创业者都是历尽千辛万苦才走向成功的，只要选择了创业、选好了方向，就一定要扛住压力、坚持下去。

第四忌 半途而废

让竞争止，即在最后一步徘徊

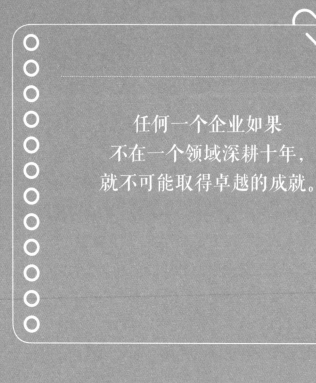

任何一个企业如果
不在一个领域深耕十年，
就不可能取得卓越的成就。

今 / 日 / 笔 / 记

创业者必须具备一种精神：

以终为始，勇往直前。

第五忌

自欺欺人

诚信，从对自己开始

创二：师父，我的竞争对手公司把别人的芯片拿来换个LOGO，就当成自己研发的，我也想这么做！

创二：可他们还因此申请到了大量科研经费。

创三：这样做瞒不了人的，你就看着他们自食恶果吧。

创四：别，这是弄虚作假、骗人骗己。

师父：创业是踏踏实实做出来的，要真正能创造出产品和价值。切记，诚信为本！

创业三十六忌之自欺欺人

所有以非价值创造、以投机的行为所获得的财富，一定会在某一个时间点，以惨痛的代价作为结果，没有例外。

简约
商业思维

创业不是编故事、说大话，而是踏踏实实做出来的，一定要知道自己能够创造出什么样的产品和价值，绝不能弄虚作假。一些企业不仅欺骗市场，甚至把自己都搞糊涂了。

汉芯事件就是一起典型的自欺欺人案例。

始作俑者陈进在担任"汉芯"DSP 芯片研发项目的总设计师期间，以虚假科研成果欺骗大众。2003 年，陈进宣称团队自主研发出了世界一流的芯片"汉芯一号"。这款芯片被鉴定为"完全拥有自主知识产权的高端集成电路"，是"我国芯片技术研究获得的重大突破"。

"汉芯一号"的成功不仅让陈进的公司拿到了上亿元的研发资金，次年，陈进还获得了代表学术界最高荣誉的"长江学者"身份。此后，陈进很快宣布"汉芯二号""汉芯三号""汉芯四号"的研发工作即将完成，并凭借多个项目和专利，获得了 11 亿元的科研资金。几年的时间里，陈进成为国内芯片设计领域的领军人物。

但实际上，"汉芯一号"是陈进伪造的。陈进利用之前在摩托罗拉工作的经历，托以前的同事购买芯片，将芯片上"摩托罗拉"的字样打磨掉之后，换上"汉芯"的标识。这场骗局最终在 2006 年被彻底揭露，昔日的荣耀被撤销解除，曾经获得的拨款经费也被追缴，陈进等人终食恶果。

诚信是立业之本。对创业者、企业家而言，信誉的重要性不言而喻，它决定了一个人的商业生涯能有多长。

造假和欺骗只能得一时之利，尤其是在信息时代，大数据等技术充分发展，社会高度透明，再高明的骗局终究会被揭穿。而所有以非价值创造、以投机的行为所获得的财富，一定会在某一个时间点，以惨痛的代价作为结果，没有例外。

只有通过以好的产品、好的服务让用户满意来创造价值并赚取利润，企业才能走上可持续发展的道路。

诚信不仅是对他人，更是对自己。

《道德经》告诫我们："知人者智，自知者明。胜人者有力，自胜者强。"能够了解别人、战胜别人的人，可以称得上聪明、厉害；而只有能够正确认识自我、战胜自我的人，才是真正的智者和强者。

如果对自己没有正确的认知，甚至用编织的谎言自我欺骗、自我蒙蔽，长久下去就是害己。

有一种说法，人的认知可以分为四个层次。

第一层，不知道自己不知道

创业者很容易陷入这一层，明明"不知道"，却欺骗自己，假装自己"知道"。比如，坚信"我的技术是当前最好的""只要投入市场，我的产品就会大卖"，但对市场大环境、竞争对手的水平、用户的真实需求等，其实都没有深入调研过。

没有自知之明，意识不到自己的问题，导致埋下了最大的隐患。

第二层，知道自己不知道

承认自己的无知，有意识地保持"空杯心态"，主动去弥补，探索未知，积累沉淀，才能实现认知升级。

第三层，知道自己知道

我们说，创业应该是在想做、能做、可做三者之中找交集。当认知达到了这一层，对自己的初心和能力边界以及不断变化的外部环境都有了清晰的判断，就可以做出正确的创业选择，在创业路上也更可能有所成就。

第四层，不知道自己知道

进入这个层次后，我们所学的知识、技能都会内化成本能反应，无须刻意调用，心到即意到。

创业者的自知、自胜，要从打破第一层认知开始，不断进化，认清自己能做什么，通过什么方式做，这是创业者必须要走的修行之路。

在创业路上，要坚守不自欺、不欺人的原则，努力提高自我认知，坚持价值创造。

今 / 日 / 笔 / 记

所有以非价值创造、以投机的行为所获
得的财富，一定会在某一个时间点，以
惨痛的代价作为结果，没有例外。

第六忌
盲人摸象

不谋全局者，不足谋一域

创四：师父，现在炒酸奶项目太火爆了，我也想做。

创三：这个项目的市场容量有多大？竞争情况如何？你的产品有优势吗？经营过程中能做到成本低、效率高吗？

创四：需要考虑这么多问题吗？

创一：创业可是一个系统工程，里面每件事都环环相扣。

师父：选择创业项目不能盲目，要先全面、客观地评估，再做决策。

创业三十六忌 之盲人摸象

要以全局的眼光、系统的思维和闭环的意识看待问题，透过现象看到问题的本质。

简约
商业思维

古代寓言里有个"盲人摸象"的故事：几位盲人摸象，摸到象腿的认为大象就像一根柱子，摸到象尾的认为大象就像一条绳子，摸到象身的觉得大象就像一堵墙。这是因为他们看不到大象的全貌。

创业者面对充满不确定性的市场，大多数时候都是在摸着石头过河，难免也会踩到盲人摸象的坑。

01

《道德经》有言："不知常，妄作凶。"不知道"常"，任意作为，就会有凶险。

什么是"常"？除了自然常理、大道规律，还有系统思维。没有系统化思考，只见局部不见整体，行动就容易出错。

比如，选择创业项目时，一叶障目、盲目投入，看到市场上炒酸奶是个网红产品，非常火爆，于是贸然开始创业。

但在决策之前，其实我们应该先系统、全面地评估，包括产品现在有多大的市场容量，自己是否有机会进入这个市场，自己的产品有没有竞争优势，能不能在市场中立足，有没有必要的资源、能力将产品做出来，业务能不能规模化运营，能不能做到成本低、效率高等。

又如，公司在经营过程中，因为失之偏颇、没有顾及全局，导致盲目多元化。

就像一个做工业传感器的公司，同时也做互联网游戏，这似乎能在短时间内带来高营收，但它是否与公司发展战略相匹配，是否与业务线相互促进，是否与企业品牌形象相吻合，都需要以全局的眼光、系统的思维和闭环的意识来思考。

因为企业的运营和管理是一个系统工程，各个环节相互联系、相互促进，甚至相互妨碍。

我们不仅要通过计划、组织、协调、控制、激励等手段，让企业朝着战略目标的方向前进，还要站在全局看局部：看到自己的优势，同时看到自己的不足；看到用户需求，同时看到竞争环境……用"点线面体"的结构，思考所有要素之间的关系，而不是只关注某个要素本身。

创业忌讳的是以偏概全、以点带面。全局眼光、系统思维、闭环意识，决定了创业者的成就，也决定了整个项目的前景。

　　我们遇到的每个小问题背后，都可能是系统性、结构性的问题，而我们每个人都可能犯盲人摸象的错误，因为没有完整的信息基础，因为所处的位置而选择性地忽略了一些重要因素，因为自己的"硬件条件"（认知层级）不够高……

　　于是，只知其一不知其二，把部分当成整体，对问题认识不完全、判断不准确，次要问题变成主要问题，主要问题变成次要问题，该重视的反而被忽视了，所做的努力都成了无用功。

　　能不能觉察到这一点，脱离自己的立足点和专业，站在更高的维度上思考问题，取决于我们能不能自我突破、自我精进、修炼出系统思维。

　　如何修炼？可从两个维度着手：

　　其一，完善自己的底层商业操作系统。在变幻莫测的市场环境中，把握不变的规律，透过现象看到问题的本质，决策时做到有据可依、有的放矢。

　　其二，持续学习，提升认知。不断从书上学、和高人聊、在事上练，提高自己多维度认识事物全貌的能力，有意识地跳出去看，往上游看，往相关联的事件看，甚至向反面看，向不相关的事情看，打牢系统分析的基础。

当然，如果个人受限于认知视野、信息渠道、位置立场等因素，难以做到全局思考，还可以借助团队的力量，搭建相应的组织系统，用协作来弥补各自的短板和局限性。

片面化的认知会妨碍对全局的判断，创业者要时刻警醒自己：不谋全局者，不足谋一域！

今 / 日 / 笔 / 记

要以全局的眼光、系统的思维和闭环的
意识看待问题，

透过现象看到问题的本质。

第七忌

闭门造车

快速打开市场的
三个关键、三个要素

创四：师父，××研究院研发出来一项新技术，太先进了，我准备把它投入市场！

创二：这项技术现在可以应用在哪些地方呢？有市场需求吗？能卖出去吗？

创四：我觉得有需求，就算现在没有，以后也会有。

创一：再先进的技术也需要被市场认可，否则投进去就是血本无归。

师父：对市场需求进行充分调研和验证，是创业必不可少的一步。

创业三十六忌之闭门造车

传播准、快、广是打开市场的三个关键；打开市场要对购买者、购买欲、购买力三个要素做充分的调研。

简约
商业思维

充分的市场调研，对产品、服务的市场验证，都是创业过程中必不可少的步骤。如果仅仅固守自己的想法，脱离市场，闭门造车，创业者很难取得成果。

老子在《道德经》里有一言："万物并作，吾以观复。"宇宙万物由道而生，无时无刻不在发展变化，这是自然之道的表象，但万物都会复归本根，向道复归的本质和规律是始终不变的。

商业世界也是如此，看似千变万化，但一切的出发点和落脚点始终是市场。

以市场调研为依据，是创业者首先要牢记的。因为创业的关键不是能不能把东西做出来，而是能不能把东西卖出去。

就像顺丰从传统物流服务向零售商业扩张时，曾经试验过一个 O2O 线下便利店项目"顺丰嘿客"。2014 年 5 月，全国 518 家嘿客门店同时开业，并在数月内快速扩张到 3000 家门店。然而，顺丰嘿客的市场表现并不尽如人意。2015 年 5 月，嘿客品牌更名为顺丰家，主打社区服务而后因不达预期关店调整；2016 年 9 月，又转型为顺丰优选线下店。顺丰在两年时间内损失了十多亿元，教训惨痛。

事实上，顺丰嘿客远称不上便利店，店铺内几乎没有实物商品。一家标准店里除了两台供顾客上网选购下单的电脑外，只有墙上带有二维码的商品宣传图。嘿客店对顾客而言，购物并不方便，反而操作更加烦琐；店内展示的商品品类也少得可怜，基本上只有一些数码产品、食品、鞋包，以及少量并不实用的礼品等；而网上的商品种类相比其他平台也没有优势，用户完全可以在其他购物平台选购。

被寄予厚望的顺丰嘿客之所以没有"嘿"起来，就是因为顺丰在规模化扩店之前并没有进行详细的市场调研与验证。

无论是企业初创还是业务扩张，都不能只凭感觉、靠想象、拍脑袋。无论多么新奇的创意、多么先进的技术，没有进行用户真实需求的调研，没有打磨好商业模式，最终产品卖不出去，无法实现现金流闭环验证，都是违背了商业基本常识，是不可持续的。

创业，既要低头拉车，更要抬头看路。看看当下的市场环境，想想自己的商业模式，究竟"卖什么，卖给谁，怎么卖"。

卖什么，对应市场需求。好产品、好服务，这是满足市场需求最基本的。

卖给谁，对应目标用户。市场是多层化的，地域上可分为一线城市、二线城市、三线城市、县城、农村，其中还可具体分为男性、女性、70后、80后、90后、00后等不同人群。各个群体的消费需求、消费偏好、消费能力都不同。

随着市场越来越细分，定位越精准越好，这就要求我们对购买者、购买欲、购买力三个要素做充分的调研。目标用户是哪类人群？他们有什么需求和偏好？他们追求高性价比还是高质量？找到这些问题的答案，画出清晰的用户画像，我们才知道应该卖给谁，匹配什么样的产品。

怎么卖，对应营销模式。打开市场时，要在传播上做到准、快、广。

锁定目标用户，这是准。分析用户喜欢从哪里获取信息和购买产品，然后选择适当的渠道策略，这是快。比如to B（面向企业）的产品、to C（面向用户）的产品、to G（面向政府）的产品，用户不同、特点不同，渠道的选择也就不同：如线上新媒体或线下地推，直销或分销等各种方式，有效即可。在准和快的前提下，对用户群体的覆盖度越高越好，这是广。抓住了这三个关键，营销就能事半功倍。

把"市场"两个字刻在心里，紧贴市场需求，从市场中来，到市场中去。

今 / 日 / 笔 / 记

传播准、快、广是打开市场的三个关键；
打开市场要对购买者、购买欲、购买力
三个要素做充分的调研。

第八忌

『烧钱』游戏

输血代替不了造血，「烧钱」代替不了盈利

创四：师父，现在市场竞争太激烈了，我得拉投资，大量投钱，揽足流量。

创三：投钱可以，但你什么时候能盈利呢？

创四：我持续投入，持续做大流量，总有盈利的一天。巨头企业不都是靠"烧钱"成功的吗？

创三：巨头企业在"烧钱"之前已经把自己的盈利模式想请楚了。

师父：不知道未来怎么盈利，就开始大量"烧钱"，是"烧"不出结果的，真正专业的投资人也不会支持你。

创业三十六忌
之『烧钱』游戏

盈利是企业的根本。"卖什么，卖给谁，怎么卖"，最终是要解决"如何赚钱"的问题。

简约
商业思维

如果创业者不知道未来怎么盈利，就开始大量"烧钱"，创造虚假繁荣，不仅"烧"不出结果，也得不到真正专业的投资人的认可。

《道德经》有言："重为轻根，静为躁君。"在轻与重、动与静的矛盾关系中，都是一方为根本，一方为其次。如果舍本逐末，只注重轻而忽略重，只注重动而忽略静，就会陷入危机。

"烧钱"和盈利的关系也是如此。生存永远是企业的第一主题，企业生存的核心是确保资金链的健康，因此，盈利才是企业的根本。

企业作为经济动物，只有具备自我造血的功能，才能活下去。没有清晰具体的盈利模式，只是过度依赖资本的力量，用输血代替造血，一旦资金"烧"光、血袋一空，企业也就死亡了。

比如，共享单车平台 ofo，长期没有自我造血能力，只是靠投资"续命"。在发展过程中，ofo 为了占领市场，只关注单车投放量的增加、用户量的增加，无止境地融资、"烧钱"、补贴、扩张……导致基本入不敷出。

2017 年，ofo 曾拿到 6 亿元的 E 轮融资，但这些钱大都用于投放新车和补贴用户了。此外，ofo 还经常推出 1 元月卡促销活动。于是，6 亿元仅仅不到两个月的时间就"烧"光了。

融资速度跟不上"烧钱"速度，财务危机和资金链断裂随之而来，加之经营不善、挪用用户押金，ofo 最终被市场抛弃。

如果创业者没有清晰的盈利模式，而是靠一个个"故事"融资，融到了就"烧"，"烧"完再去融，通过不断融资才能生存下去，以为凭借资本总有一天能使自己的商业模式成立，这完全是一种本末倒置的做法。

钱不是不能"烧"，利用好资本的力量，可以加速企业的发展。但前提是，你的商业模式已经跑通，知道将会在什么时候，以什么方式，盈利多少，并且根据市场反馈，能使产品服务满足更大客群、更多用户的需求。在这样的基础上，通过"烧钱"扩大用户的品牌认知、抢占更多市场份额才是有意义的，资本也才能发挥应有的作用。

我们之前提到，商业模式的关键在于"卖什么，卖给谁，怎么卖"。而这三点最终就是要解决"如何赚钱"的问题，如图 8-1 所示。只有赚钱了，盈利了，企业才能持续发展。

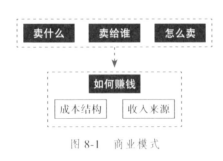

图 8-1 商业模式

因此，创业者要想清楚自己的盈利从何而来，是来源于随着销售额的增加，边际成本不断趋近于零，还是通过不断开拓多个收入来源，让收入远大于成本。

要增加收入来源并获得持续的收入流，有很多种方式。

一种是资源变现，即将公司的关键资源，如品牌、内容、技术、客户流量等，提供给第三方以获取收入。比如，蜜雪冰城、全家便利店的品牌连锁加盟费，新闻网站、视频网站的广告费，都属此类。

一种是产品分拆，即将产品拆分为两部分，以不同的方式创造收入。比如，把剃刀拆分为刀架和刀片售卖，把打印机拆分为机体和墨粉盒售卖，刀片和墨粉盒这类更换频率高的产品就可以持续带来营收。

一种是流量与变现分拆，即提供足够的免费功能吸引流量，又保留丰富的高级功能创造收入。比如，腾讯会议这款产品，免费版有会议时长限制，而付费开通会员就可享受不限时会议、不限时转写、不限次智能录制等功能。

除此之外，还可以把产品以服务的形式交付，按时间、按次数、按量进行收费，或者把收入流基于时间进行分拆，以定金 + 尾款的方式进行收费等。

不管是选择单一的收入来源，还是多种收入组合，只有提高盈利能力，我们的商业模式才能持续下去。

资本能够让好的商业模式加速建立，但拯救不了无法盈利的模式。每一个持续盈利的企业都值得尊敬，每一个还在"烧钱"的企业都需要警惕。

今 / 日 / 笔 / 记

盈利是企业的根本。

"卖什么，卖给谁，怎么卖"，

最终是要解决"如何赚钱"的问题。

第九忌

心中无数

财务三张表——企业的「体检报告」

创三：师父，我的公司现在销售收入很高，我觉得自己创业已经成功一半了。

创二：只关注收入可不行啊，公司的利润、现金流、资金链怎么样呢？

创三：应该也挺好？其实我一直没看懂财务报表。

创四：不懂基本的财务知识，就不能准确判断公司的财务状况。

师父：作为企业领导者，第一要重视现金流，第二要重视利润，在此基础上才能继续扩大收入。

创业三十六忌
之心中无数

企业财务三张表：
现金流量表、利润表、资产负债表。

简约
商业思维

如果创业者不懂基本的财务知识，只关注销售收入，却不关注利润，甚至不关注现金流，那么企业未来很可能会陷入资金链断裂、难以为继的危机。

生存是企业的第一要务，只有健康地活着才有未来。

企业是一个以盈利为目的的组织，每个企业都希望业务不断扩大、利润不断积累、价值不断体现，就像雪球一样越滚越大。然而，这一切的前提是企业有健康的资金周转来提供支持。因此，创业者尤其要关注企业的财务数据，做到"心中有数"。

《道德经》里说："道生一，一生二，二生三，三生万物。"千姿百态的宇宙万物，总根源都是"道"，把握住了"道"，也就把握住了由它创生的万物。

同样，企业的财务状况和经营成果都体现在财务数据里。作为企业的领导者或者创业者，只有能看懂财务数据才能客观认识自身的优势和不足，知道应该如何优化资源配置，减少资金浪费，做出正确的业务决策，真正把好钢用在刀刃上。

当然，术业有专攻，企业"一把手"不是会计，不必把财务研究得深入而专业，把握其中的关键即可。而最基本、最重要的财务知识就是三张表：现金流量表、利润表、资产负债表。

财务三大报表相当于企业的三维体检报告。

现金流好比人体的血液、企业的命，现金流量表就是企业的"血液系统"，反映了企业的健康度。

一般而言，现金流入包括企业收到的合同款、银行借款、客户押金、储值等；现金流出包括供应商付款、银行利息、房租、人力成本等。如果两者结余为正，说明企业当期的经营活动创造正向现金流；如果为负，说明企业入不敷出，财务风险较高。

只有现金流为正，"生命线"正常，企业才能活下去。没有现金，就算接到了一个进货成本 50 万元、销售收入

100万元的高利润订单，企业也可能因为付不起进货款，倒在"大餐"面前。

由此可见，现金流量表中记录的现金流入、流出以及余额能够帮助我们判断企业能否支撑未来的债务或者后期的投资，以及企业是更多依赖外界还是靠自己独立循环造血。它是最重要的一张表。

第二重要的是利润表。利润表反映了企业的盈利能力，就像人体肌肉。企业最怕的是"虚胖"。只有利润高、肌肉壮、盈利能力强的企业在市场竞争中才"跑得快"。

通过利润表中的收入和成本费用，我们可以观察到一定时间内利润是怎么形成的，又是怎么被分配出去的，从而判断出哪个产品更赚钱、哪个产品可以进行优化。

第三重要的是资产负债表。资产负债表反映了企业的规模，如同人的体格，关键不在于是否高大，而在于是否强健。

企业的全部资产包括负债和所有者权益。其中，负债是借来的钱，所有者权益是法人或股东投入的钱。资产负债表展示了特定日期的资产总量及其结构。通过它，我们可以发现企业内部有没有舞弊现象，是否需要及时纠错等。

三张财务报表是一个有机的整体，企业净利润的良性增长，能够增加所有者权益，提高资产质量，同时还会增加现金流入，改善现金流状况。在分析研究这些财务数据时，不能彼此割裂，否则就是"头痛医头、脚痛医脚"，解决不了根本问题。

学会看财务三张表，时时关注自己的现金流状况，对创业者而言，有百利而无一害。

今 / 日 / 笔 / 记

企业财务三张表：

现金流量表、利润表、资产负债表。

第十忌

弹尽粮绝

千亿级企业都应敬畏的『生命线』

创四：师父，我的公司最近发展得特别好，业绩收入持续增长。

创二：资金链怎么样呢？只是收入高，并不能说明公司是在健康发展。

创三：如果公司利润低，甚至现金流快枯竭了，一旦资金链断裂，公司就会倒闭。

师父：切记，生存永远是企业的第一主题，收入是为盈利和资金链的健康服务的。

创业三十六忌之弹尽粮绝

企业的现金流如同人体的血液，在资金链管理上，要做到健康为本、量入为出。

简约
商业思维

企业如果盲目追求"做大"、忽略现金流、资金链，一旦出现问题，轻则经营困难、重则破产重组，活下去都很难，更别提发展了。

01

　　生存是企业的第一要务，只有健康地活着才有未来。

　　企业如何在日常经营中，甚至在面临"黑天鹅事件"时顺利存活，取决于很多因素，其中最核心的就是确保资金链的健康。

　　资金链，简单来说就是企业"吸收现金—投入使用—销售回款"的现金循环过程。现金流如同人体的血液，资金链就像"血液循环"，只有循环正常，机体才能正常工作。

　　企业的资金风险很可能就藏在业务报表或日常交易中，之所以不易被发现，大多是因为业绩还在增长。

　　从报表中观察，我们会发现虽然利润尚可，但银行账户上可能早已赤字。在这种情况下，企业资金链断裂只是早晚的事，等我们意识到风险，已为时过晚。

比如，2014 年成立的每日优鲜，成立后 7 年便成功上市，历史累计融资 12 轮，金额超过 110 亿元。其公开财务数据显示，2021 年第三季度总净营收为 21.219 亿元，普通股东应占净亏损为 9.737 亿元，毛利率为 12.3%。与 2020 年同期相比，虽然营收增加，但履约成本、销售和营销成本等各项支出也在增加，于是亏损扩大，毛利率也下滑，致使其上市一年就面临倒闭，实在让人唏嘘。

收入的不断增加并不能代表资金链健康。当我们仅仅关注收入的时候，往往会忽略支出，忽略成本，忽略管理漏洞。

因此，衡量资金链的健康状况，第一要看现金流。这也是我们可以主动把控并干预的。

任何时候企业都要保持手头有充足的现金，维持正向现金流，预留抗风险资金。

《道德经》有言："治人事天莫若啬。"治理百姓及奉行天道，没有比节俭，爱惜物力、财力、人力更为重要的了。

同样，企业无论是处在初创期、发展期还是成熟期，都要注重并爱惜现金流，如此才能走得更稳健、更长远。

初创企业要优化资源配置，减少资金浪费。

想清楚自己的战略和近一两年的愿景，根据资源储备、资金储备、人才储备搭建团队，精益创业，做好MVP（最小可行产品）或服务市场测试。完善产品和服务后，再创新商业模式，改进各个环节的价值分配。力求人尽其用、钱尽其用，把每一分钱都花到该花的地方。

发展中的企业尤其要重视现金流量表、利润表、资产负债表，要做到对财务数据心中有数。

一般来说，企业账面上的现金要能够支撑该企业正常运转6个月的成本支出。当然，企业可以常备维持6～18个月正常运转的现金流资金。一旦资金不足以维持6个月的正常运转，就要引起警惕，并采取积极措施予以应对。

成熟企业如果因为账户上钱多，就不再专注于主业，而是频频收购、投资，借此扩大资产版图，很可能导致负债累累、拖垮自身。

企业长久生存的根本，在于通过持续创造价值，获得持续盈利的能力。投资扩张也要把握好节奏，切莫影响资金链的健康。

俗话说："手中有粮，心里不慌。"企业要守住现金流"生命线"，避免资金链断裂。

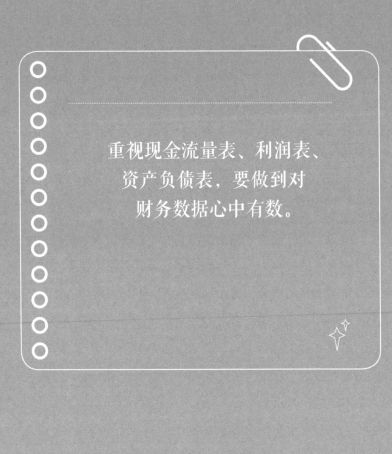

重视现金流量表、利润表、
资产负债表，要做到对
财务数据心中有数。

企业的现金流如同人体的血液，

在资金链管理上，要做到健康为本、量
入为出。

第十一忌

好高骛远

大处着眼，小处入手

创二：师父，我想做个平台，吸引流量，打造生态，把用户和商家都聚集在一起，就可以赚钱了。您觉得怎么样？

创四：这个想法有格局，我和你一起做。

创一：想法虽好，但你准备从哪个点破局呢？

创二：建平台、造生态双管齐下啊。

师父：做事情可以大处着眼，但必须从小处入手，不能一开始就把事情铺得又广又大。

创业三十六忌之好高骛远

一个优秀的企业至少要具备三方面的能力，即深耕主业、创新迭代和生态打造。

简约

商业思维

创业者常常犯一个错误：老想着把事情做得很大、铺得很广。这对初创企业而言是不可能的。凡事都要从小处入手，一步一个脚印，踏踏实实地走。

　　很多创业者一开始就说："我要做个平台，吸引流量，打造生态。"

　　但平台是一个双边的生意，要么你已经有资源，能给用户群提供价值；要么你已经有用户群，资源一进来就有能连接的对象。

　　两者都没有，就投入人力、物力、财力，打造平台生态，肯定是脚不着地、做不成功的。

　　就像腾讯，也不是一开始就打造移动支付生态的，当时市场上已经有支付宝这个龙头了。

　　腾讯是怎么做的呢？

它首先做好微信这个产品的基本通信功能，让更多人愿意用微信发消息、传图片、通语音。有了用户群，再借助各种营销手段，比如新年时推出的"随机红包""拼手气红包""摇红包"等活动，鼓励用户绑定银行卡，用微信转账。巩固好这类用户流量后，微信才开放接口，吸引商家入驻，最后推出点对点的付款。

腾讯这么大一个企业，有这么多的资源，也是先把产品做好、把用户服务好，再不断迭代，最终才成功打造出移动支付生态。

无论创业做什么，哪怕你的目标是未来打造一个平台，初期也得在一个单点上先突破。

企业的发展取决于三项能力：深耕主业、创新迭代和生态打造，如图 11-1 所示。这三项能力在企业的不同发展阶段是有不同侧重的。

对初创企业或企业早期而言，深耕主业是关键。

任何企业都需要一个看家本领、一个处于行业前沿的产品或服务。特别是初创企业，没有那么多资源去前线和巨头"搏斗"，最好是先在一个小的细分市场发力，通过技术创新实现单点突破，建立自己的滩头堡、根据地。

无论创业做什么，哪怕你的
目标是未来打造一个平台，
初期也得在一个单点上先突破。

图 11-1　企业的三项能力

　　把自己的主产品做好，甚至做到极致，打下深厚的基础，再随着技术、市场的变化，推动企业变革和创新迭代。这是企业早期该走的路。

　　《道德经》里说："是谓深根固柢，长生久视之道。"这就是根深叶茂的道理：根足够深，树才会长出茂盛的枝叶，结出更多的果实。

　　当然，企业最好有可持续发展的动力，这就要求企业具有生态打造能力。

　　生态是一个不断自生长、自繁衍、自进化，同时还能与外部进行广泛、密切连接的系统。打造好企业的生态系统，就能不断推进企业成长和进化。

　　但生态打造是需要前提条件的。只有当企业已经站稳脚跟，达到一定规模，具备多方资源，并且各个产品线之间有相互协调促进的基础时，才能去构建你想要的生态系统。

　　比如阿里巴巴，早期就专做一件事——电商。随着电商慢慢完善，阿里巴巴发现支付是一个非常好的领域，与电商紧密关联，可以相互促进，所以就做了支付宝。包括后来的达摩院、阿里云，都是为了打造可持续发展的生态而开辟的业务。

可如果阿里巴巴一开始做电商时就同时做阿里云，那估计现在也没有阿里巴巴了。因为阿里云的投入不是几亿量级，而是十亿、百亿量级。只有当前面的业务能够支撑后续的发展，或者有足够多的融资时，阿里云才能做起来。

所以企业现阶段的侧重点一定要基于自身情况来决定。在创业初期，最好先思考如何单点突破、深耕主业；而对大型企业而言，打造多元生态就很重要了。

我们说经营企业，战略上要倾力前瞻，战术上要量力而行。

一个好的战略是站在今天，看向未来，让我们有前进的方向。创业者一开始可以有打造生态的意识，思考自己的产品、业务，考虑下一步如何更新换代。这是战略上的倾力前瞻。

但怎么从今天走到希望的未来，需要制定好方法和路径，盘点好现有资源，根据自己的能力，在战术上量力而行。

　　如果方法和路径不适用或不通畅，现有资源不满足，能力不达标，那么，即使战略很大、很好，也只会是空中楼阁。

　　人可以躺着做事，站着做事，踮起脚尖做事，跳起来做事，但最好的状态是挨着地面、踮起脚尖做事——等机会到来时，把握时机，奋力一跳。但不能一直跳着，更不能悬在空中，悬空的人总有一天会摔下来。

　　初创企业要从聚焦一个点、解决一个小问题开始，一步一步，脚踏实地。

今 / 日 / 笔 / 记

一个优秀的企业至少要具备三方面的能力，

即深耕主业、创新迭代和生态打造。

第十二忌

包打天下

难在聚焦，
贵在聚焦

创二：师父，我准备创业做企业服务，您觉得可行吗？

创一：你的初步计划是什么？做哪些业务呢？

创二：企业的所有需求都可以是我的业务，企业需要什么，我就提供什么。

创三：这样很难有竞争力吧。

师父：做大做全体现不了你的优势，初创企业要从聚焦一个点出发。

创业三十六忌
之包打天下

战略的本质是选择，选择的本质是放弃；初创企业要聚焦关键、单点突破。

简约
商业思维

很多创业者有格局、有胸怀，站得高、看得远，战略规划大而全，但如果在创业初期就把摊子铺得太广，往往会导致力量分散、应接不暇。

01

做大做全、包打天下，似乎是创业者很容易掉进去的陷阱。创业者对产品布局、业务布局想一开始就面面俱到，殊不知自身的资源和能力暂时不足以支撑如此多元化的发展。

创业者 A 先生就曾坦言自己"包打天下"得到了惨痛教训。

在项目初创期，A 先生认为自己的团队可以解决客户的所有问题。虽然公司的主营业务是智能硬件，但只要客户提出需求，就全都会接下来。

于是，团队本就不足的人手要面对一个又一个复杂的个性化交付，初期也尚未实现 SOP（标准作业程序）复制解决，人力、精力的不足不仅给主营产品上市后的体验和优化造成了很大影响，也为 A 先生自己招来了本该是合作伙伴的行业对手。

这样的危机持续了近半年的时间，直到 A 先生痛定思痛，舍弃一切非主营业务，退回智能硬件领域，做专做精，才慢慢又立住脚跟、稳步上升。

A 先生的经历告诉我们，大而全未必比得上小而精。盲目做大做全，不仅体现不了自己的优势，还会摊薄自己的力量。初创企业，要聚焦关键、单点突破。

因为如果在资源极其有限的情况下"包打天下"，只能在各个领域蜻蜓点水、浅尝辄止，无法形成壁垒，表面上看是"大象"，实际上是"纸老虎"，任何领域都经不起市场的考验，最终捉襟见肘，寸步难行。

集中优势兵力，饱和攻击，精准打透，往往更能帮我们赢得市场。

《道德经》有言："道常无为，而无不为。"大道一直是自然无为的，但它成就了所有事情。

创业同样如此。制定战略时，我们需要思考：是专业化发展，还是多元化发展？是聚焦一个领域，还是多个领域？是聚焦一个细分市场，还是全部市场？是聚焦 B 端用户、C 端用户，还是 B、C 端用户通吃？

战略的本质是选择，选择的本质是放弃。虽然做加法易，做减法难，但只有初期有选择地"无为"，才会让自己未来具备"无不为"的能力。

随着时代的发展，商业趋势逐步从竞争走向竞合，卖货不一定要做物流，物流不一定要做电商。如果你擅长产品，就把产品做好；擅长研发，就把研发做深；擅长渠道，就把渠道做透；擅长传播，就把传播做准、做快、做广；擅长品牌塑造，就把顾客心智经营好。

以自己的优势作为出发点，充分挖掘、充分利用，形成差异化竞争力，再拓展合作，才可能在激烈的市场竞争中赢得一席之地。

任何事业的起点都是一个局部市场、一个细分领域或一个价值节点。等我们把一米宽的领域挖到万米深，企业经营到一定规模后，再做相关多元化，项目、产品、服务步步为营，产业链上下适当延伸，新业务与原有业务才能互相促进、互相辅助。别贪多、贪全、贪心，打天下不是赢在"包揽一切"，而是赢在"循道而行"。

创业路上想走得远，不仅要知道哪些该做，更要知道哪些不该做。聚焦优势，深耕主业，方为正道。

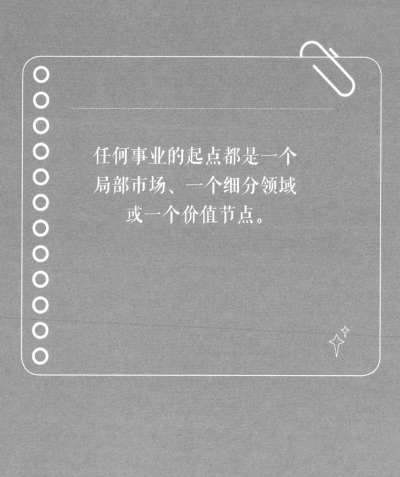

任何事业的起点都是一个
局部市场、一个细分领域
或一个价值节点。

今 / 日 / 笔 / 记

战略的本质是选择，选择的本质是放弃；
初创企业要聚焦关键、单点突破。

第十三忌 无的放矢

明确的目标设定是
成功的一半

创一：师父，为什么我们公司做了这么久，一直都没什么成果呢？

创二：你们的目标是什么？

创一：年初的目标是做出一款好产品，后来是三个月内实现盈利，最近大家觉得应该扩大知名度。

创三：目标不明确，做事情左右摇摆，这样怎么会有成果呢？

师父：先制定目标，再完善计划，确保企业的每个行动都一定是朝着目标前进的。

50m

100m

创业三十六忌
之无的放矢

明确的目标设定是成功的一半；计划是战略目标的阶段性任务及其分解，是企业运营和管理的前提。

简约
商业思维

将才不打无准备之仗，在战场如此，在商场亦是如此。目标不明确，计划不充分，路径不清晰，等于盲修瞎炼，空耗脑力和资源。这在企业管理中是大忌。

　　企业没有目标，就会没有方向，没有核心聚焦点，以致到处乱闯，最终往往进展为零、原地打转。这就像射箭时无法瞄准箭靶，无论射出去多少支，正中靶心都是靠运气。

　　因此，企业管理不能无目标、无计划地跟着感觉走。如果说没有行动的战略战术是空想，那么没有战略战术的行动就是盲动。记住，明确的目标设定是成功的一半。

　　企业的使命、愿景是靠战略支撑的，而战略还需要向下拆解，如图13-1所示。每个战略有对应的目标，每个目标有对应的关键结果，而这些关键结果是通过一个个任务的完成而实现的。有了自上而下的目标 – 任务 – 责任体系，管理工作就可以围绕业务经营过程展开。

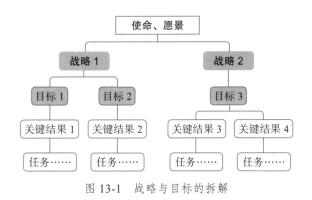

图 13-1　战略与目标的拆解

《道德经》有言："为之于未有，治之于未乱。"这告诫我们，要在事情尚未发生之时就做预防处理，要在祸乱产生之前就早做准备。企业管理也应该如此，设定正确的目标，制订周密的计划，有的放矢。

眼前有目标，心中有渴望，行动才有力量。否则，东一榔头西一棒槌，目标会偏离，资源也会被浪费。

管理有五要素，即计划、组织、协调、激励、控制。

其中，计划排在第一位，是企业运营和管理的前提。

就像大船在长途航行的时候必须设定目的地一样，如果从起点到终点需要 50 天的航程，那么中途的每一个补给点都要提前规划好，并做好分阶段的航行计划，才能确保最终顺利抵达终点。

以终为始，把战略目标拆分为年度目标、季度目标、月度目标，再根据目标制订相应的可行计划，合理利用人力、物力、财力等资源，有效推进内外的运营管理，并在执行过程中不断复盘审核，才能让最初的战略目标落地。

因此，计划的制订不需要太复杂，关键是做好以下四个方面：

第一，明确要达成的目标。

第二，明确为达成这个目标要进行的人员配置和资源配置。

第三，明确计划实施的路径。

第四，明确计划完成的时间和节奏。

在这个过程中，切忌"拍脑袋""不具体""无重点"，我们一定要对自身的优势和劣势，以及市场变化带来的机遇和挑战，进行充分的调研和研判，为未来一年的计划制定一个准确的目标，同时做好阶段性任务的拆解。

制定完成后，再回过头审视一遍，如果"为什么做？做什么？什么时候做？由谁去做？怎样做？如何衡量？"

这六个问题都有清晰的答案，计划就可行。按此推进，企业的每一个行动都流程可溯、责任可追、资源可控，目标就可以达成。

用目标指导行动，只有制订了清晰可行的计划，才知道什么值得做、什么不用做，才会行之有效！

今 / 日 / 笔 / 记

明确的目标设定是成功的一半；

计划是战略目标的阶段性任务及其分解，

是企业运营和管理的前提。

第十四忌 南辕北辙

每日三省：目标！沟通！共识！

创三：师父，我们公司今年的目标都制定得很清晰了，为什么大家做起来还总是跑偏呢？

创二：你以为清晰了，但对其他人而言，很可能并不清晰。

创四：如果大家连"目标是什么？""为什么？""怎么做？"的问题都回答不了，自然走不到正确的路上。

师父：要让团队朝着一个目标前进，充分沟通、达成共识是必不可少的准备工作。

创业三十六忌之南辕北辙

提前沟通、达成共识，
及时反馈、及时改进，
避免在错误的路上越走越远。

简约

商业思维

很多企业制定了明确的目标，也展开了积极的行动，但在实际的执行过程中，行动和目标并不一致，于是做得越多，错得越多。

有这么一个故事：

一个人搬进了新房子，但房子里有老鼠，他头痛不已，自己又解决不了，于是找来一只猫。

房子主人对猫说："你每天必须捉到一只老鼠，如果完成了任务，就奖励一条炸鱼；如果完不成任务，就要饿肚子。"

猫心想："主人的条件也太苛刻了。每天都要捉一只老鼠，哪有那么多的老鼠可以捉？"

猫又想："主人也算大方，捉到一只老鼠就奖励一条炸鱼，炸鱼的味道可比老鼠强得多。"

于是，猫为了吃到炸鱼绞尽脑汁。

傍晚，猫真的捉到了一只老鼠。它亲切地对老鼠说："不要怕，我不吃你，请你每天这个时候出来，我叼着你在主人面前遛一圈，我就会得到一条香喷喷的炸鱼。"老鼠也乐意每天都配合猫演这场戏。

最后，猫每天都在捉老鼠，每天都吃到了炸鱼，但房子里依然有老鼠。

故事里，房子主人的目标是消灭房子里的老鼠，但猫的行动却是让房子里一直有老鼠，因为猫和主人对于目标并没有达成共识，尤其在"为什么捉老鼠"上，双方都有自己的想法和理解。

猫和主人如此，企业内部团队同样如此。企业实现目标的过程是团队作战、多人协作的过程，如果核心成员对目标理解有偏差，就会影响行动的方向，很可能出现南辕北辙的情况。

《道德经》有言："知足不辱，知止不殆，可以长久。""知止"何解？除了知道自己应该做到什么程度，还要知道自己的目标究竟是什么。

对企业而言，目标是什么、为什么、怎么做，不仅领导者自己要知道，核心团队，甚至企业内部的大多数人都要清楚地知道。

因此，在正式行动之前，充分沟通和达成共识是必不可少的准备工作。不要想当然地以为团队已经清楚了目标，不用再浪费时间在沟通上，因为实际情况很可能就像故事里那样：主人想的是消灭老鼠，猫想的却是捉老鼠换炸鱼。

如何通过沟通达成目标共识呢？

第一步：澄清方向。让团队全员理解为什么，而不仅仅只理解做什么。就像图 14-1 所示的黄金思维圈一样，What（现象、成果）、How（方法、措施）、Why（目的、理念），领导者要走到最核心的"Why"，分享自己制定这个目标背后的思考，鼓励团队提问，在充分的问答中澄清目标方向。

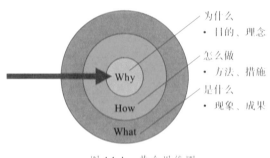

图 14-1　黄金思维圈

第二步：共创愿景。让团队全员构思并分享目标实现后的成功画面，激发团队的积极性。

第三步：识别差距。领导者带头反思，各个业务的现状与目标之间的真正差距是什么、有多大。

第四步：分析挑战。团队头脑风暴，思考达成目标与缩小差距的挑战，将类似的挑战归类，并反思挑战背后的根本原因。

第五步：行动承诺。团队各部门提出自己的目标、任务或项目、需要的资源与支持，以及背后的思考，彼此之间通过问答来澄清和对齐。领导者核实各部门的目标是否能有效支持总目标，最后再各自修正。

有了通过沟通建立的共识基础，在执行的过程中，还需要反馈来做保障。追踪各部门的进度，了解推进的具体情况，比如有没有偏离目标，有没有背道而驰，及时反馈、及时改进，才能有效掌控并实现目标的关键成果。

在朝着目标前进的路上，切忌还没有达成多数共识就开始行动，以免失之毫厘，谬以千里。

今 / 日 / 笔 / 记

提前沟通、达成共识，

及时反馈、及时改进，

避免在错误的路上越走越远。

第十五忌
脱离目标

你的管理是画龙点睛，还是画蛇添足？

创三：师父，我们公司今年的业绩目标推进得特别慢，有什么改进方法吗？

创四：为了实现业绩目标，你们目前做了哪些事？

创三：我年初就制定好了一整套制度流程，还安排了专人负责监督，有问题就及时反馈调整。

创二：这些在实际工作中是不是太烦琐了？没有促进目标实现，反而成了阻碍。

师父：管理是为目标服务的，高效有序、简单实用才是好的管理。

创业三十六忌
之脱离目标

管理是为完成企业目标服务的，要以结果和效率为导向。

简约

商业思维

企业管理是在正确的时间，用正确的方法和正确的人，做正确的事，从而以最高的效率来完成目标。但有的企业为了加强控制，往往设置一些极其烦琐的流程，结果不仅没有促进目标的实现，反而成了阻碍。

　　世间万物的基本原理、方法和规律都是极其简单的，把复杂冗繁的表象一层层剥离之后，就是事物最本质的道理。

　　企业管理也是如此。管理中最主要的五件事——计划、组织、协调、激励、控制，其本质都是为了实现企业提质、增效、降耗、控险的目标。这五件事做得好与不好，就看目标是不是以最小的成本、最高的效率、最好的质量完成的。

　　因此，管理要服务于企业的目标，任何脱离目标的管理都没有意义。我们常犯的一个错误就是为了管理而管理，为了控制而控制。

比如，一些大企业设置了一整套职能部门，如 HR（人力资源）部门、财务部门、风险管控部门等，有时职能部门为了提升工作绩效，制定很多指标和流程，原本两个人签字就能解决的事，非要安排三个人甚至五个人签字才能解决，这就降低了运营的效率。

又如，一家企业经营情况不理想，为了降低财务成本，要求所有子公司每次报销都必须在总公司做审批。可能一笔 100 元的报销，都必须经过部门领导审批、总经理审批、总公司财务部门审批。在跨公司协作和不同审批制度的切换过程中，申请人常常需要多次提交、多次对接发票。于是，公司内部大量的资源、时间都被浪费了。

烦琐的流程导致成本过高和效率过低，结果得不偿失。这就是管理只注重单一部门的绩效而没有为目标服务所造成的影响。

如图 15-1 所示，任何管理手段、工具、流程、制度都应以结果和效率为导向，旨在高效地实现既定的目标。不能把指标当成目标，否则就会在偏离目标的道路上越走越远。

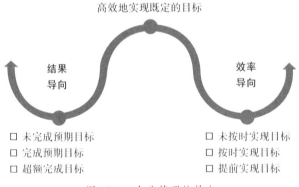

高效地实现既定的目标

结果
导向

效率
导向

☐ 未完成预期目标
☐ 完成预期目标
☐ 超额完成目标

☐ 未按时实现目标
☐ 按时实现目标
☐ 提前实现目标

图 15-1　企业管理的导向

　　"目标"和"手段"是做事的两个课题。手段原本是为达到目标而采取的措施，如果在实际操作过程中陷于手段，而忘了为什么采取这个手段，就会导致两者混为一谈，甚至偏离原定的目标。《道德经》有言："慎终如始，则无败事。"我们做事情自始至终都要像一开始的时候那样慎重，企业管理也要坚持朝向一开始的目标。

　　所有的手段，比如应用一门新技术，或者创新一个管理模式，都不是独立进行的，它们要与企业整体的目标相关。通过新技术的应用、管理模式的创新，能否让企业的成本更低、效率更高，才是我们判断要不要推行的真正标准。

因为管理的核心是有序、高效。其中任何一个失衡，都不是好的管理。

企业实现目标需要的是"有效产出"。假如生产某样东西，但卖不出去，就不是有效产出；假如实施某项管理，却不能给企业带来好处，也不是有效产出，当然，也就不是有效管理。

从这一点上来讲，其实管理不是越细致、越复杂越好，而是越简单、越实用、越有效越好。

所以说，真正的高手总是善于把复杂的事情简单化。这体现在管理上，就是以终为始、目标导向。我们应时刻提醒自己，目标是什么，初心是什么，想要的结果是什么。只要做到以目标为出发点，所有的过程为结果服务，管理就是"画龙点睛"而非"画蛇添足"。

没有目标的努力往往是在盲打盲干，干着干着就会跑偏。只有让目标指引手段，手段适应目标，企业的管理才能事半功倍。

今 / 日 / 笔 / 记

管理是为完成企业目标服务的，
要以结果和效率为导向。

第十六忌

责权不明

责任除以二，等于零！

创二：师父，我们团队总是要么争着邀功，要么互相推卸责任，这是为什么呢？

创一：在分配任务的时候，你是不是安排了多个人负责同一项工作？

创二：我一般是看谁有空，就给他分配个任务，没注意有没有重复安排。

师父：要根据个人优势，把不同的人放到不同的位置上，而且每件事要授权一个人作为主负责人。

创业三十六忌之责权不明

组织的关键：
职责清晰、授权明确、高效有序。

简约
商业思维

责权不明是管理中的一个常见问题。如果在分配任务时责任、授权不清晰，把一件事交给多个人负责，那么有了成绩时，大家会争着邀功，而出了问题时，又会互相推卸责任，甚至导致事情无法落实、一拖再拖。

01

企业制定阶段性目标以后，下一步不是直接"冲锋战斗"，而是根据目标搭建适配的组织。

事情都是由人来做的，人才是企业最重要的资源。作为管理者，必须知人善任，把合适的人放到合适的位置上。每个岗位上的人员能不能适配，能不能真正完成他们所需要完成的任务，这是管理者在战斗打响前必须考虑清楚的。

除了安排好人，不同层级、部门、岗位之间还要职责清晰。

我们之所以组成团队，就是希望团队成员能发挥各自的优势，承担各自的责任。中国有句谚语：一个和尚挑水喝，两个和尚抬水喝，三个和尚没水喝。从心理学的角度看，这背后的原因是"旁观者效应"，也叫"责任分散效应"。

人都是趋利避害的，当群体共同承担时，每个人心中会自动缩小责任、放大贡献：遇到问题时，觉得自己的责任小；获得收益时，觉得自己的贡献大。

所以，内部管理讲究分工合作，分工、合作两点都得抓牢。工作中有合作、有共创，但如果主次不分，职责边界不清晰，多人共同负责，结果就是互相推卸责任，最终没人负责。责任除以二，就会等于零。

任何工作，不管多大规模的活动或需要多少人协作，一定要指定一名主负责人，分清楚谁对某事负主要责任。

老子在《道德经》里说："既以为人，己愈有；既以与人，己愈多。"给予他人的越多，自己得到的也就越多。

管理上也是如此，责与权要对等。每个人手上的工作是"责任"，但只有"责任"不够，还要有与之匹配的"权力"。

任何工作，不管多大规模的活动或需要多少人协作，一定要指定一名主负责人，分清楚谁对某事负主要责任。

检验一个组织好坏的标准在于"是否高效"。换言之，好的组织必然是高效的。职责清晰、授权明确，才能激发所有人的能动性和创造性，企业的整体目标才能高效有序地向前推进。

如果企业内部很多中层管理者彼此之间级别相近，但是权力不清，谁也不愿意听别人发号施令，那么即使某个中层管理者很想把事情做成，也无能为力。

所以，对于一个承接了大量工作的中层管理者，领导者除了把责任分配下去，还要放权赋能，把资源、权限及人力、物力、财力明确给到对应的负责人。这样，中层管理者对自己职责范围内的事才是既"看得见"又"管得着"，"心有余"且"力有足"。

责任、权力界定好，人人有干劲，事事有结果，团队一条心；相反，责权界定不清晰、不明确，结果是表面上项目进展缓慢，更深层次上则会影响团队的积极性和工作氛围，导致项目和人才都有损失。

作为企业领导者，必须把个体才能与团队合力协调、激发到极致。内部责权分明，成员各自完成应该承担的部分，再形成合力，才会达到团队整体实力大于个体能力之和的效果，从而成为高效而卓越的组织。

今 / 日 / 笔 / 记

组织的关键：

职责清晰、授权明确、高效有序。

第十七忌

越级指挥

指挥是能力，少指挥是智慧

创四：师父，我公司的中层管理者最近工作不积极，我观察了一段时间，也没找出原因。

创一：你们公司最近有什么变化吗？

创四：业务比较忙，我都亲自上手指挥基层员工做事了。

创二：看来是因为你的中层管理者感觉自己被架空了，发挥不了价值，所以没有积极性。

师父：企业领导者平时应该培养中层的管理能力，而不要直接走到基层去指挥。

创业三十六忌
之越级指挥

人们为什么愿意被你领导？
实现生命价值，是成就追求；
获得更多收入，是财富追求；
感到美好愉悦，是精神追求。

简约
商业思维

"上级可以越级检查，但不可越级指挥。"这是管理学中的一个基本原则，但也恰恰是很多企业领导者经常踩的坑，结果导致组织秩序混乱、效率低下。

　　越级指挥，说明领导者是做事的心态，希望从做事中获得成就感。

　　如果领导者为了追求工作效率，越过中层，直接指挥员工，尽管领导的指挥能力非常优秀，把员工调度得特别好，但这样越级指挥的频率越高，下属管理层的积极性就越低。

　　对基层员工而言，领导下命令了，自然听令行事。中层管理者见此情况，却会心生惶恐：领导是不是不信任自己？我该不该过问？不过问好像不尽责，过问了又不知道怎么管，左右为难，只好不管！

久而久之，基层员工质疑中层管理者的能力，中层管理者指挥不动基层员工，两方都事事向大领导请示、汇报，相当于管理层被架空，发挥不了自己的价值。

我们都听过《道德经》里的这句话："太上，不知有之；其次，亲之誉之；其次畏之，其次侮之。"最高明的统治者，人们不知道他的存在，但他无处不在。

对于今天的领导者，领导力的最高境界也是如此。领导者不是走到基层去"做事"的，而是在高层"用人"的。领导是一门关于"人"的艺术。

因此，领导者也要自我修炼，控制自己"做事"的惯性，给下属放权，不要破坏组织秩序；任命了中层，就要尊重这个层级的权益，放手让他们去战斗，把他们培养成为能带兵的将军。

我们说，人们愿意被你领导，是因为你愿意给别人带来价值。

这个价值是多方面的。比如，满足了对方的成就追求，让他实现了生命价值；或者在财富上，让他获得了更多收入；或者在精神上，让他感到美好愉悦。

因此，领导者的要务是"成人达己"。其中的关键在

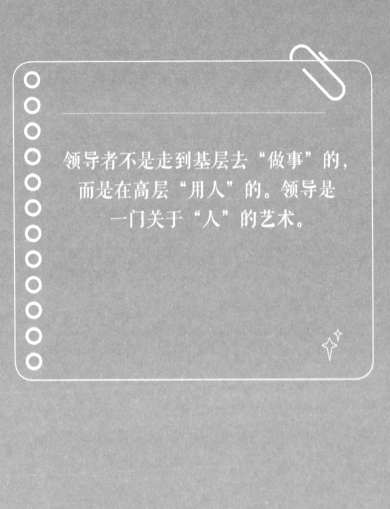

领导者不是走到基层去"做事"的，
而是在高层"用人"的。领导是
一门关于"人"的艺术。

于，根据团队的能力和意愿，实施不同的领导策略。具体来说，就是要评估团队成员是否有知识、经验和匹配的技能，以及是否有自信、承诺与内驱力。

当团队有意愿又有能力时，领导者可以授权团队成员独立决策，提供必要的资源和支持，让成员全权负责完成工作。

当团队意愿低却有能力时，领导者可以与团队共同面对问题，并给予鼓励，称赞其工作表现，帮助其建立自信心。

当团队意愿高却缺乏能力时，领导者可以解释决策，并给予团队澄清的机会，密切观察团队成员的工作成效，及时反馈，帮助成员提升能力。

最后，如果团队意愿低，也缺乏能力来完成工作，领导者可以做主要的决策和规划，并向团队诠释工作的目标、方法、细节，一步一步指导团队成员来完成任务。当然，如果在这种情况下，团队还是无法胜任，领导者就需要匹配更适合的团队来承接工作任务。

指挥是能力，少指挥是智慧。明智的领导者善于用人，善于授权，善于调动员工的积极性，通过下属拿到结果，成人达己。

于，根据团队的能力和意愿，实施不同的领导策略。具体来说，就是要评估团队成员是否有知识、经验和匹配的技能，以及是否有自信、承诺与内驱力。

当团队有意愿又有能力时，领导者可以授权团队成员独立决策，提供必要的资源和支持，让成员全权负责完成工作。

当团队意愿低却有能力时，领导者可以与团队共同面对问题，并给予鼓励，称赞其工作表现，帮助其建立自信心。

当团队意愿高却缺乏能力时，领导者可以解释决策，并给予团队澄清的机会，密切观察团队成员的工作成效，及时反馈，帮助成员提升能力。

最后，如果团队意愿低，也缺乏能力来完成工作，领导者可以做主要的决策和规划，并向团队诠释工作的目标、方法、细节，一步一步指导团队成员来完成任务。当然，如果在这种情况下，团队还是无法胜任，领导者就需要匹配更适合的团队来承接工作任务。

指挥是能力，少指挥是智慧。明智的领导者善于用人，善于授权，善于调动员工的积极性，通过下属拿到结果，成人达己。

创业三十六忌 高手的敬畏与成功之道

140

今 / 日 / 笔 / 记

人们为什么愿意被你领导?

实现生命价值,是成就追求。

获得更多收入,是财富追求。

感到美好愉悦,是精神追求。

第十八忌
画饼充饥

激励做好三点，打动员工的心

创四：师父，我想激励员工努力工作，要不要给他们"画大饼"？

创二：只画饼，不兑现，还不如不承诺。

创一：你的承诺如果最后没兑现，会让员工不信任你。

创三：还会破坏整个团队的凝聚力。

师父：激励员工，一定要谨慎承诺、实事求是。

创业三十六忌
之画饼充饥

激励的三条原则：
合理性原则（适度）、
需求性原则（适配）、
时效性原则（适时）。

简约
商业思维

信任的建立源于一点一滴的日积月累，崩塌却可能只在一瞬之间。领导者对员工的任何一句承诺，如果到最后没有兑现，则带来的都会是团队的不信任。

企业的发展离不开员工的共同努力，这就涉及如何激发员工的积极性。

很多领导善于"画饼"，把事业未来的收益、员工享有的福利描绘得振奋人心，激励团队为之奋斗。

但只会"画饼"不行，还要有能力把"饼"做出来，按承诺兑现。否则，过多的大饼没有实现，就会让领导在员工中失去信任，在管理中失去号召力和凝聚力，影响企业的发展。

有时领导给员工许下口头奖励，但转身就忘，员工自然有怨言；或者领导随心所欲，高兴了就给员工奖励，并没有合理的标准，结果导致有的贡献大的员工得到的奖励还不如普通员工，这就伤了优秀员工的心。

激励要有理有据、公平公正，更要谨慎承诺、实事求是，才能在员工中树立威信，让大家愿意跟着你干。

如果做出了承诺、但由于情况发生变化而一直无法兑现，此时最好的做法是真诚表示歉意，并坦诚告知不能兑现的缘由，同时想办法从其他地方给予弥补，减少负面影响。

《道德经》有言："轻诺必寡信，多易必多难。"那些轻易许下承诺的，必定很少能够兑现；把事情看得太容易，势必遇到很多困难。

作为创业者、领导者，言出必行是必备的素养，对合伙人、投资人、客户要信守承诺，对团队员工同样如此。

无论是"画饼充饥"，还是无规则、无标准地奖励，都不可取。

好的激励才能让团队成员发挥积极性和能动性，从而使每个人的潜能都得到最大限度的正向发挥。

激励要遵循三条原则：合理性原则、需求性原则、时效性原则。

合理性原则讲究"适度"。

一方面，要根据贡献的大小给予适当的奖励，奖励过重容易使员工产生自满，奖励过轻则起不到激励的作用，或者让员工觉得不被重视；另一方面，要做到奖惩公平，取得同等成绩的员工应获得同等水平的奖励，同样，犯同等错误的员工也应受到同等程度的处罚。

需求性原则讲究"适配"。

激励的起点是满足员工的需要，但员工的需要因人而异、因时而异，并且只有满足其最迫切的需要，激励力度才大。

所以，激励很重要的一点就是要符合人性、以人为本。其核心在于抓住每个员工的真正诉求，并推动这些诉求向好的方向发展。

人的诉求大致可分为三个方面：生活美好、精神愉悦和成就感。

生活美好，主要表现在收入回报能够满足其对物质生活的期望和追求。

精神愉悦，主要表现在其能够从组织中感受到快乐和积极正向的情感价值。

成就感，主要表现在工作和付出能够得到更多维度乃至社会方面的认可，最终体现为个人价值。

因此，我们要了解不同员工的真实诉求，从这三个方面去归类，制定相应的激励政策，尽量做到"对方需要什么，我们就激励什么"。

时效性原则讲究"适时"。

把握激励的时机，"雪中送炭"和"雨后送伞"的效果是不一样的。激励越及时，越有利于将员工的热情推向高潮，促使员工的创造力持续有效地发挥。

激励做好"适度、适配、适时"三点，让每一份承诺掷地有声，将为团队建设添砖加瓦。

今 / 日 / 笔 / 记

激励的三条原则：

合理性原则（适度）、

需求性原则（适配）、

时效性原则（适时）。

第十九忌

邯郸学步

文章无定法，
管理无定式，

创二：师父，我应该怎么管理公司呢？要不要参照世界500强企业的规章制度？

创一：你们公司有多少人？

创二：30人左右。

创四：小公司按上万人的大企业的规模去管理，这是把简单问题复杂化了。

师父：适合你企业的管理，才是正确的管理，不要照搬其他企业的管理模式。

创业三十六忌之邯郸学步

管理的本质是提升实现目标的效率，要根据企业的发展阶段和阶段目标，设置与调整组织架构。

简约
商业思维

创业路上我们既要向优秀企业学习，也要结合自身情况因地制宜，否则生搬硬套，套来的也只是形式，得不偿失。

正所谓"世异则事异，事异则备变"，时间、地点、环境变了，或者企业的业务、规模变了，原来的成功之法当下就不一定适用。

丰田汽车的精益生产就是一个典型例子。

时任丰田副社长的大野耐一为了拯救丰田濒临崩溃的局面，亲自前往福特工厂，实地参观福特的生产模式。当时，福特已经引入流水线生产方式实际运行了一段时间，但大野耐一发现，这种生产虽然快速、便捷，但容易出现库存过多、质检不及时等问题，导致直接和间接的浪费。

大野耐一受到超市按需进货方式的启发，决定创建种"消除浪费、持续改善"的精益生产方式。在福特生产模式的基础上，大野耐一提出了"准时生产"（JIT），以此力求达到"零库存"的状态。

"准时生产"的核心理念是"只在需要的时候，按需要的量，生产所需的产品"，并通过看板管理进行"后拉式"带动生产，实现清晰、有序的生产管理，拉动价值流动，使在制品和库存减少，从而有效地提高生产效率。除此之外，大野耐一还针对丰田生产过程中的其他问题，提出了相应的解决方案。

在不断优化、改进后，丰田最终找到了一套适合自身的标准化流程，逐步形成了以人为本、全员参与、追求质量，并在过程中持续改善的精益生产方式。

20世纪70年代，丰田的精益生产方式开始进入人们的视野，并发展影响至今。

无论是生产模式、商业模式还是管理模式，我们都一定不要照搬别人的，而要从真实市场出发，从自身情况出发，按照自己的节奏，走好自己的路。

《道德经》有言："夫物或行或随，或歔或吹，或强或羸，或载或隳。"天下万物千姿百态，企业的成功往往也都是个性化的。

每家企业的"DNA"都不同，一家企业可能因为在某个关键节点的关键决策、关键行动而成功。我们可以学习、借鉴其中的经验，但千万不要想着直接套用。

因为再好的方法也有适用于它的条件，条件不具备时，方法是发挥不了作用的。

有位创业者就曾坦言，他在华为工作期间，有幸参与了华为引进IBM的Notes系统，并且请麦肯锡做咨询培训的全过程，以至于他在离开华为后的很长一段时间内，都以掌握和应用大公司现代化的管理流程和管理手段而感到骄傲。

但当他自己创业的时候，却因此受到了生搬硬套的困扰。因为中小企业，尤其是他所在的培训行业，大多是家庭作坊式的小规模团队，各种所谓先进的、现代化的管理手段是失效的。

大企业有大企业的模式和制度，小企业有小企业的灵活和敏捷。

管理是运用一定的管理措施，为实现企业目标而采取的行动。其核心不在于采取什么方法，而在于能否使企业内部的组织协作达到有序和高效的状态。

所以，管理模式没有最好，只有最有效。不同的企业需要采取的管理模式也不同，要根据企业自身的特点进行甄选、优化。

　　比如企业的组织架构，就没有一定之规。不要看到别人把部门设置得很全面，就认为部门越多越好、越全越好，而要根据企业的发展阶段和阶段目标，来设置和调整组织架构。

　　文无定法，企业管理也是如此。适合自己企业的，才是正确的。

今 / 日 / 笔 / 记

管理的本质是提升实现目标的效率，

要根据企业的发展阶段和阶段目标，

设置与调整组织架构。

第二十忌

苟求完美

接受 60 分，再做到 90 分

创三：师父，公司下一阶段的计划，我想了三个月，但是还不完善。

创二：你是要把计划制订得完美了，再向前推进吗？

创一：追求完美，容易导致效率低。

创四：条条大路通罗马，不用执着于最完美、最笔直的路。

师父：计划、管理，都不是越细致越好，越可行越好，可行的才是走得通的。

创业三十六忌
之苛求完美

极致的管理就是极致的伤害，
不求完美求可行。

简约
商业思维

很多创业者抱有一种理想化的想法，希望将所有事情都准备到完美的程度，再向前推进。但这种方式对企业的效率而言，却是极大的拖累。

有些行业赛道竞争非常激烈，一个月的进展就可以将市场差距拉开，半年的时间甚至可以形成绝对优势。

效率不高，怎么跑赢竞争者，在市场中抢占先机？

因此，互联网创业有一个基本方法论：小步快跑，快速迭代。

很多互联网产品的早期版本都会被吐槽，逐步迭代才发展成为现在的样子，比如小米的手机操作系统——MIUI。

当年小米在推出手机产品时，采用了一项非常重要的策略：操作系统每周五更新。

每周五小米推送更新之后，狂热的发烧友们都会率先使用，然后提出很多改进建议：这里不行，那里可以更好……

然后，收到反馈的小米会迅速修改，并会在下个周五推送一个新版本，继续接受大家的反馈。

一个版本又一个版本，一次反馈又一次反馈，如此往复，从不间断。

所以，今天的 MIUI 可以说不是小米工程师设计出来的，而是与用户共创生长出来的。

如果一开始就执着于推出完美的产品，很可能资源投入过多、成本增加，或者发布延期、影响收入，甚至产品无法得到快速验证，"难产而亡"。

先做一个"最小可行产品"，不用 90 分、100 分，有 60 分就可以了，然后立刻投放到市场上接受反馈，迅速调整。

效率的优先级远高于完美程度，先可行，再完整，而后完美。

《道德经》有言："夫惟不盈，故能蔽而新成。"不追求盈满，才能不断发展、吐故纳新。

我们想要十全十美，但世间事难以"万全"。苛求完美，可能什么也成不了，因为对完美的追求，会让我们迈不出第一步。

学会与不完美和解，接受一开始只有 60 分的自己和自己所做的事。

只有承认并接受自己的不完美、会犯错，才能更快地发现错误、更快地修正，通过一轮又一轮的迭代完善，把事情做到 90 分、95 分……

"木桶原理"认为，一只木桶能盛多少水，取决于桶壁上最短的一块木板，所以应该把短板补齐。

但"新木桶原理"点出了另一个思考角度：把木桶倾斜一下，这时候决定盛水量的就不再是短板，而是长板。

精益求精固然是好事，但凡事都有一个"尺度"。

在企业初创阶段，运用"新木桶原理"，把长板发挥到极致，在市场上站稳脚跟；待能力螺旋上升后，再补齐必须补上的短板，同样是取胜之道。

产品迭代如此，企业管理也如此。

管理不是越细越好、越复杂越好，而是越可行越好。极致的管理就是极致的伤害。

企业在运营过程中，计划与组织不可能做到绝对严密，难免会发生新的状况、产生新的问题，这是正常现象。

我们可以及时反馈、及时复盘、及时改进，在管理过程中，通过高效顺畅的协调来化解各种矛盾、弥补各种漏洞。

在创业初期尤其如此，完成比完美更重要。我们在摸索中前行，没有"绝对正确"或"绝对精准"的道路，探路和试错都是必须经历的过程。只要走得通，条条大路通罗马。

初创企业不求完美求可行，不求完美求高效，才能快速更新、快速成长。

今 / 日 / 笔 / 记

极致的管理就是极致的伤害，

不求完美求可行。

第二十一忌
因小失大

抓全局，抓主要，转重心，

创一：师父，我的高档餐厅已经在装修了，我准备省点装修费，先不装一楼的消防设施。

创三：你餐厅的选址、规划都很好，开业了肯定不愁营收，何必现在省钱？

创四：消防设施不到位，一场大火就会让你之前的努力全都归零。

师父：所有事情都有轻与重、本与末之分，该省的要省，不该省的一定不要省。

创业三十六忌
之因小失大

放下短期的小惠小利，
抓大放小，着眼全局。

简约
商业思维

企业经营需要节约成本，但节约的度需要我们仔细考量和把握。只顾及小的利益，往往会造成大的损失。

　　《道德经》有言："生之徒，十有三；死之徒，十有三；人之生，动之于死地，亦十有三。夫何故？以其生生之厚。"为了长生而过于贪求、执着，很可能会缩短自己本该长久的生命。

　　经营企业同样如此，贪求小惠小利，不恰当地节约成本，将埋下巨大的隐患。着眼全局，才是长久发展之道。

　　管理是为了更好地提质、增效、降耗、控险。我们可以通过组织变革或模式革新，降低企业各个环节的运行成本；或者借助新技术的应用，来使生产成本更低、效率更高。这些都是降耗的好方法，但不能只为了降耗而影响其他方面，甚至影响大局。

比如，公司要推出新产品，为了控制项目成本，压缩研发经费，导致合作方和员工积极性降低，进度迟缓，产品质量上不去，结果其他公司抢先研发成功并进入市场，而自己则损失了时间和机会。

又如，开一家餐厅，对消防安全缺乏足够重视，在消防设施上省钱，结果一次意外、一场大火，就让前期的努力统统归零。

经营过程中不止有安全风险，还有合规风险、政策风险、信用风险、市场风险……省去了防范这些风险的必要支出，任何风险的出现都可能成为致命打击。

再如用人方面，过分压低招聘成本、员工薪资，可能导致招不到合适的人，甚至导致原有的优秀人才慢慢流失。投入和产出一般是成正比的，公司能给出市场上的高薪资，员工也会给公司创造巨大的价值。在薪酬上省了钱，就会在效率和管理上多花钱。

无论什么规模的企业，资源都是有限的。资金用到这个板块，其他板块的投入就会少；人才用到这个项目，其他项目就会缺。

怎么合理地把每一分钱用到该用的地方，怎么合理地把人才放在合适的岗位上，都考验着我们"抓大放小"的思维逻辑和行为认知。

舍本逐末、因小失大的事情常有发生，归根结底，是我们忘了抓住"主要矛盾"。

企业是一个非常复杂的系统，有各种各样的问题需要解决，有各种各样的干扰因素阻碍发展，还有各种各样的矛盾潜藏其中。在这些问题和矛盾中，如果我们能解决问题的主要矛盾和矛盾的主要方面，次要矛盾也就会迎刃而解。

比如，在企业管理中，战略就是"主要矛盾"，对企业的发展起着决定性作用。

如图 21-1 所示，一般而言，战略的制定和决策是高层领导者的工作重心，目标的对齐和跟进是中层管理者的工作重心，任务的完成和落地是基层员工的工作重心。

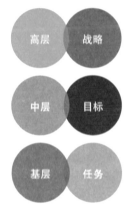

图 21-1　企业管理的重心分层

如果高层领导者没有把自己的时间和精力聚焦在战略上，反而频频去处理目标、任务，很可能会感觉到"每天都忙忙碌碌地陷在紧急事务中，但还总是有重要的事来不及处理"。

没有做好权衡、取舍，工作重心不明确，纠缠于细枝末节，对高层领导者而言，是因小失大的表现。

要改变这种状态，可以先从记录一周的时间分配开始，连续记录 7 天后，分析、评估、调整所有时间的配比，让自己的时间分配与企业的战略重点保持一致。

贪图小利，忽视大局，就如同捡了芝麻，丢了西瓜。企业在经营和管理的过程中，必须分清主次、抓大放小。

今 / 日 / 笔 / 记

放下短期的小惠小利，

抓大放小，着眼全局。

第二十一忌 见利忘义

利益永恒，还是道义永恒？

创二：师父，你看那些财务造假、不择手段的人，轻轻松松就赚了好多钱。

创三：他们这是欺骗合作方和消费者，被利益冲昏了头脑。

创一：利字旁边一把刀！做企业重要的是诚信为本。

师父：不要只看他们短期的获利，所有通过不诚信行为获得的财富，未来一定会付出更大的代价。

创业三十六忌
之见利忘义

让所有的合作者都能赢，
而且要赢在自己的前面。

简约
商业思维

商业世界里，既有竞争，更有合作。如果我们在合作中不真诚，甚至见利忘义，只想着自己赢、自己得利，不仅合作容易破裂，也会损害企业长期的信誉和发展。

利与义的取舍是价值观问题，也是眼光长远与否的问题。

《墨经》有言："义，利也。"义和利本不矛盾，讲信义就是在追求长期利益。

做企业当然要追求利益，有利益才能生存和发展，而一个企业所能得到的利益大小，取决于其能为他人提供的价值大小。

如果创业的初心是创造市场价值、推动社会进步、给员工带来物质和精神幸福，那么保持这样的"利他"初心，为他人提供的价值越大，创业者自然就会"交换"获得更大的回报。

"利"是短暂的，"义"是永恒的，没有永恒的利益，只有永恒的道义。如果见利忘义、损人利己，得到的就只是不稳定、不长久的小利。

正如《道德经》里所言："祸莫大于不知足，咎莫大于欲得。"人的贪欲是祸患的根源。一个只考虑自身利益的创业者，会让身边人没有安全感。即使现阶段尚未损害身边人的利益，但身边人会想，未来某一天，这种见利忘义的人也会为赚取自己的利益而损害身边人的利益。

同样，以利相交，利尽则散。一群见利忘义者聚到一起，组成的团队不可能成为一个做大事、有长远发展的团队。

见利忘义的人，不会有真正和持久的辅佐者、合作者，也不会得到真正的长期利益。

真正的企业家，在企业经营过程中，面对利和义的抉择与平衡时，不追逐眼前的小利，才可能获得持久的更大回报。

以真诚之心，行信义之事。商业活动中的"义"就是诚信。

对创业者、企业家而言，合作无处不在，企业运营中涉及的所有组织和个人都是我们的利益相关者，与我们是合作关系。我们付给员工薪酬，员工尽心尽力工作，这是合作；我们与上下游供应商联合，把产品推向市场，更是合作；客户购买我们的产品或服务，使用后需求得到了满足，也是合作。

企业的诚信是要让所有的合作者都能赢，而且要赢在自己前面。只有让他人先赢，才能与他人更长久地合作共赢。

合作共赢是最成功的商业模式。

比如，医院接入信息系统可以降本增效，但很多医院本身资金紧张，对要不要花钱做信息系统难以决策。有家做信息系统的企业找到了一个方式，先把医院、银行和自家联合在一起，再说服医院，让医院将未来的所有收入通过银行流转，又说服银行，让银行出钱给医院建信息系统。于是，三方都能获益：医院不用花钱就建好了信息系统；银行有了医院的大笔资金在账户里流转，可以赚更多的钱，只需用其中一部分支付医院的信息系统建设；企业也得到了系统集成和运营的收入。这就实现了三赢。

与人合作，如果只考虑自己的需求而不考虑对方的，或者合作双方永远是一方受益、一方吃亏，这样的合作不可能持续。即使现阶段表面上在携手并进，也一定埋下了隐患。

牢记这个常识：合作的目标是共赢，不是一方单赢。

因此，发起任何一项合作时，不要首先想到自己有什

179

么诉求，而要换位思考，站在对方的角度想，对方有什么诉求，我能不能满足，能不能让对方先成功。如果通过合作，对方可以获得预期的价值，自然合作顺利，自己最终也能获益。

企业要想在激烈的商业竞争中合作共赢、基业长青，诚信是第一竞争力，也是持久竞争力。

今 / 日 / 笔 / 记

让所有的合作者都能赢，

而且要赢在自己的前面。

第二十三忌

感情用事

感情在先，还是法理在先？

创一：师父，我朋友公司的业务和我公司的业务互补，我们准备长期合作。

创二：对方靠谱吗？你们的合作细节都谈妥了吗？

创一：靠谱，我俩是发小，合作肯定没问题，不用现在谈这么细。

创三：合作不能只靠感情，还是要落到法律层面上，不然以后出问题很难解决。

师父：无论是与合作方，还是与企业的的员工、客户，本质上都是交易关系，一定要以法律为基础。

创业三十六忌之感情用事

与德合作，以法为基，
法、理、情的顺序不可颠倒。

简约
商业思维

经营企业时，我们常犯的一个错误是基于感情草率合作，连未来可能面临的风险都没有考虑清楚，最后只能无奈承担因感情用事而导致的失败后果。

任何企业都离不开合作，合作在企业的运营发展中无处不在。这就要求创业者牢记一个常识——"与德合作"，因为信誉比能力更重要。

商业活动是建立在契约基础上的交易。我们不仅自己要有契约精神，因为信誉越好，合作条件就会越好，而且在考虑合作方的时候，也要以德为先。如果对方没有契约精神，而我们也没有事先做好调研，就会不知不觉掉进坑里。

关于合作，还有一个常识须牢记："以法为基"，而非"以情为基"。

如果把合作寄托于感情，和朋友感情好，喝顿酒就谈成了业务，这样感情用事，要么业务没保障，要么感情被伤害。

如果仅凭借感情，对内外部合作伙伴提出要求，容易使对方无所适从。对方可能愿意卖个人情，达成一两次的交易，但不能形成长久的合作关系。

如果做事无视规则和底线，喜欢率性而为、任人唯亲，这样不仅会降低自己的威望，更会寒了下属的心。

公司靠人管理，更靠规则运营。如果因感情用事而违背公司的制度规定，那就不会有人再坚守它，制度规定形同虚设，组织岂不乱套？

无论是合伙人、供应商、客户还是员工，一旦和我们进行商业合作，本质上就是交易关系，一定要以法律为基础。

当我们用感情凝聚信任时，别忘了用法律规范情感，尽量避免自己因为一时感性而悔之晚矣。

《道德经》有言："天道无亲，常与善人。"上天不偏向任何人，只是经常庇佑那些遵循天道的人。同样，商业世界也是公平的，它眷顾的只是按法律、制度行事的人。

人非草木，孰能无情。人都是感性的，很难不带感情

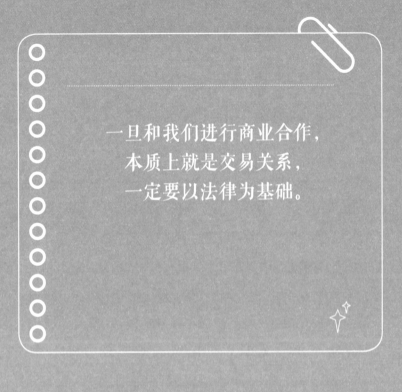

一旦和我们进行商业合作，
本质上就是交易关系，
一定要以法律为基础。

地下判断、做决策。天性中的感情倾向对我们普通的人际交往没什么坏处，但在企业运营中，却应该时时注意。

创业路上无时无刻不在摸着石头过河，只有少犯错、少踩坑，才能走到最后。创业者的每一个决策都至关重要，需要极度理性，审慎笃行。

那我们如何避免感情用事呢？

一是谋众决寡。

既然组织是理性的，那么管理企业这个组织就要更多地从组织的角度思考问题。多倾听内外部伙伴的意见，尤其是反对意见，有条件的还可以咨询第三方机构。用别人的声音提醒自己，遵守法律，理性决策。

二是制度为先。

完善公司制度，确保关键决策有法可依。对任何一件事情先看法律怎么判，常理和公理怎么断，最后再考虑情感方面的因素。

情可以在法的基础上做关系的调和剂，关键在于适时适量。企业在初创阶段，基本都要依靠身边的亲人朋友支持。如果说打天下靠兄弟，管天下就得靠制度。企业要想走得长远，就要用守法、理智的方式规范自身的发展。

把"情"融入"法"的笼子，不让感情义气超越法理，才能保证良性、持久的交易关系。

今 / 日 / 笔 / 记

与德合作，以法为基，

法、理、情的顺序不可颠倒。

第二十四忌
口说为凭

立字为据，小心驶得万年船

创一：师父，我的投资方最近进行了战略调整，不需要我完成对赌协议签订的利润，今年可以轻松一点了。

创三：你们商定了吗？签好协议了吗？

创一：我们都说好了，不用签协议了吧。

创四：不签协议，对方年底可以说你没完成任务，要求你按对赌规则赔偿。

师父：商业合作都是交易，而所有的交易一定要有记载、有凭据。

创业三十六忌
之口说为凭

合作要立字为据，落实为书面契约，在法律层面生效，才能得到保障。

简约
商业思维

在企业经营、商业交易的过程中，如果承诺只是口头约定，没有记录为书面契约，很容易出现某一方不遵守承诺、双方合作失败的结果。把承诺落实到法律层面，才是对双方权益的保障。

口说为凭对很多创业者而言，都是血淋淋的教训。

比如，在创业早期，有位创业者找到了天使投资人，投资人表示要以 100 万元的个人资金和 300 万元的政府投资基金入股，占股 10%，并承诺自己是政府相关项目的裁判员，肯定能拿到这 300 万元，于是双方谈好了合作。

100 万元到位后，公司成立了，天使投资人拥有了 10% 的股份，但后续的 300 万元却迟迟不到位。双方再谈，因为当初的承诺没有落实到书面合同上，投资人不愿意只占股 2.5%，并坚决不退股。

又如，在创业后期，有位创业者的企业经营得很好，与一家上市公司谈成了并购，完成股权、现金交易之后，还剩 1 亿元，双方商议三个月后支付。当时签署了法律合同，同时设定了对赌协议，如果这位创业者一年的利润没有达到约定的数额，不足部分就要以 6 倍补偿。

过了一段时间，双方再沟通时，上市公司的股东口头承诺，原本约定的利润目标可以放宽，无须全部实现。但这次双方没有签合同，没有留下任何凭据。结果到了年底，上市公司以没有完成任务为由，要求该创业者按对赌规则赔偿。

轻信他人、口说为凭，导致这两位创业者损失巨大。

除了在投资、合作的过程中，公司在日常运营过程中也应该避免口说为凭、打嘴官司。

如果在公司会议上，有结论的意见没有及时落实成文字，任务目标、行动计划表没有签字认领，执行过程中就容易出现扯皮现象，经营目标就很难完成。

如果关于供应商和下游渠道的具体政策和原则没有及时记录、存档，项目结算时就容易出现争执。

如果在客户成交过程中，商务优惠方案和条件没有与合同同步存档备案，或者销售人员对客户信口开河、妄下承诺，使得交付过程中出现偏差，就容易导致客户投诉，给公司造成额外损失。

总之，经营企业要养成一个习惯：所有的决策和交易都一定要以书面文件的形式记录下来。

《道德经》有言："其安易持，其未兆易谋。"安稳的事物容易被控制，征兆尚未出现的变化容易被制止。同样，我们与合伙人、供应商、客户、员工之间的关系，本质上都是交易关系，交易的事项有记载、有凭证，在法律上生效，才是安稳的、可控制的、受保障的。

法在先、法为呈、法也是保护我们的工具。现在有很多方式都可以帮我们留下凭证。按正式程度划分，有合同、文件、邮件、钉钉或微信聊天记录等。一旦发生纠纷，对簿公堂，这些都是我们主张诉求的有力证据。

因此，企业在内部管理中应做到时时书面记录，这样不仅便于公司上下决策的准确传达，也便于保存、执行和留痕，作为日后回溯、复盘的依据。

企业在交易合作中应咨询法律顾问，签订合同协议，写明双方的权利义务，同时将违约条款、争议解决条款、生效条款都写在合同里，必要时还要进行公证。这样交易双方就有了共同遵守的依据，也可以督促当事人按合同履行义务。

创业路上，"小心驶得万年船"并不是一句玩笑话。谨记"立字为据"，约束合作，规避风险，别给自己埋下"不定时炸弹"。

196

今 / 日 / 笔 / 记

合作要立字为据，落实为书面契约，
在法律层面生效，才能得到保障。

第二十五忌 预期过高

大话说在前面，合作还能继续吗？

创一：师父，我最近在和投资方谈，要不要跟对方说，我们公司三年就能实现营收增长10倍？

创二：如果大话说出去却做不到，对方的高期待没满足，你们的合作就会破裂。

创四：你未来的信誉也没了。

师父：先降低预期，最后你能达到预期甚至超出预期，这样的合作会更加持久。

创业三十六忌
之预期过高

合作前降低预期，
合作中达到预期，
合作后超出预期。

简约
商业思维

在企业合作中，过度承诺往往会让对方产生更高期待，最后很可能因为没有满足预期，双方产生巨大分歧，导致合作破裂。

过高预期的产生，一方面是由于自我认知不足，对能力与资源的匹配度、本利量（即成本、利润、业务量）的投入产出没有充分考虑，一拍脑门就觉得可以做大做强。

比如，找人合伙创业，相信自己十八般武艺样样精通，口头禅就是"给我一个支点，我能撬起整个地球"。合伙人投入了很多资源，结果"播下龙种，收获跳蚤"，损失惨重，闹得不欢而散。

另一方面，则是对事对人不真诚，为了促成合作，不惜夸海口、说大话。

比如，有些企业估值只有 2000 万元，但靠编故事、过度包装，谎称自己估值 1 亿元；或者承诺只要投资方的资金到位，就能实现业绩三年翻十倍；甚至在没有任何收入的情况下，就敢答应明年盈利 1 亿元……这样不仅不会为企业带来促进，还会适得其反。

创业者在融资时，都想为企业拿到一个"好价格"，但到底什么是"好价格"呢？

其实"价格"并非越高越好，企业融资更应该谈一个"合理价格"，而非"好价格"。

毕竟，投资是一门生意，追求的是回报。"大话"只会让投资人更为焦虑，提出更多创造业绩、增加估值的要求，使创业者也压力巨大，无法专心按照商业规律运营和推进，徒增发展障碍；而一旦最开始的承诺没有兑现，创业者就可能丧失所有的信誉，得不偿失。

不管是与合伙人、投资人合作，还是与供应商、客户、员工合作，在给合作伙伴每一个承诺前，要先想清楚自己有几成把握，能否实现，切忌"预期过高"。

合作在企业的运营发展过程中无处不在，任何一家企业都离不开合作。

但合作能不能成功，一是看能不能让对方先赢，二是看有没有做好预期管理。

首先，合作是为了共赢，若让对方先赢，可以让合作更稳定、更长久。

就如《道德经》所言："后其身而身先，外其身而身存。"不计个人得失，为别人谋利，反而能赢得更多人的爱戴；遇事将自己的生死置之度外，反而更能保全自身。

如果通过合作，能让对方获得预期的价值，合作自然顺利，我们最终也能获益。

其次，合作双方根据各自的诉求，在商谈合作的预期结果时，应该实话实说，为可能的损失打好"预防针"。

合作如果成了，就算收益；如果不成，最坏的损失是什么，损失是否在能承受的范围内。如果不能承受损失，就降低投入。

合作既有成功也有失败，这是常态。提前降低期望值、做好最坏的准备，就不容易产生心理落差从而影响合作双方的关系。

合作前降低预期，合作中达到预期，合作后超出预期，这才是好的预期管理。

给客户推销产品也是类似的道理。销售中有一句话叫"降低期望值，提高满意度"。

不要为了拿下订单，在客户面前过分夸大产品的功能，如果实际交付的产品远没有达到客户的预期，很容

203

易影响客户的满意度，甚至导致客户对公司的信誉产生怀疑。

尽最大的努力，同时做最坏的准备。先降低预期，再让合作方得到超出预期的产品或服务，这种做法要比说大话、画大饼好得多。

今 / 日 / 笔 / 记

合作前降低预期，

合作中达到预期，

合作后超出预期。

第二十五忌 预期过高

大话说在前面，合作还能畅动吗？

第二十六忌

投机取巧

不求暴利，求价值

创三：师父，为什么有的创业者可以投机，获得暴利，我就不行呢？

创二：别想着一夜暴富，天上怎么可能掉馅饼？

创一：所有投机的行为，未来都一定会付出巨大的代价。

师父：不求暴利，求价值。只有不断创造价值，你才能走得更好、走得更远。

创业三十六忌之投机取巧

不求暴利，求价值。
坚持做难而正确的事情。

简约
商业思维

创业本就是一个充满不确定性的过程。如果创业者把投机视为成功的捷径，寄希望于一夜暴富，那么他们将面临更大的风险。

01

期待天上掉馅饼、投机取巧、少劳动、多收获，这是人天性中的懒惰偏向。但要有所成就，就必须克服这一天性。

正如价值规律告诉我们的，商品遵循等价交换原则，商品价格以其价值为中心上下波动。创业同样如此，你真正创造了多少价值，就会获得多少回报。投机取巧可能带来企业一时的发展，但不可能持久。

相比之下，创业更像一场投资，并且是把金钱、时间、精力和能量都投资到一个长期事业上，而非用投机去赌一次交易的输赢。

有时我们会把"投资"和"投机"混为一谈，认为投资和投机相伴而生。但实际上，投资是一种专业行为，投资者需要具备专业技能和长期视角，通过资本的增值实现本金的复利收益和倍增。其中最重要的是，运用不变的价值规律去应对短期的市场波动，最终实现价值和财富的增长。

投机者则关注短期利益而非长期价值。他们擅长抓取造成市场波动的各种因素，快打快撤，虽然看起来是一种机动灵活的行为，但常常是靠运气取胜。

所以，投机型创业者往往做不出基业长青的企业，也得不到资本市场的长期青睐。

企业的世界观应该是：不求暴利，求价值。只有不断创造价值，才能走得更好、走得更远。

想要收获价值，首先要学会创造价值；想要长期利益，首先要舍得眼前利益；想要找到捷径，首先要放弃寻找捷径。

凡大成的企业家，无一不是在时代的洪流中一步步打拼出来的。就像一棵大树，根的深度决定了露出地面部分的高度，以及它能经受的风暴强度。

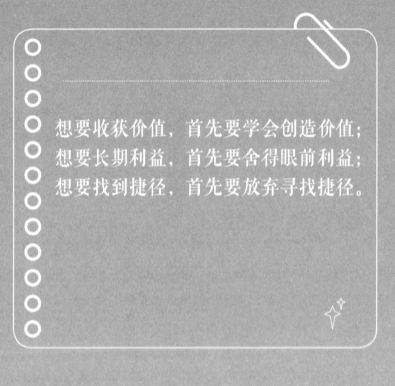

想要收获价值，首先要学会创造价值；
想要长期利益，首先要舍得眼前利益；
想要找到捷径，首先要放弃寻找捷径。

创业没有"馅饼"可以捡，也没有"弯道"可以超。如果想着走捷径，大概率跑了一圈还得回到起点，从头再来。磨炼心智，提升认知，才是正途。

正如《道德经》所言："天下大事，必作于细，天下难事，必作于易。"天下的难事，都是先从容易的地方做起；天下的大事，都是先从细微的小事做起。

坚持做难而正确的事的人永远是少数，但也正是这少数人最终走向了成功。

有的人一辈子只专注于做好一坛酸汤、一条鱼、一罐茶叶或一饼茶，一个很小的产品、一件很小的事，坚持做到极致，也能做到上亿元的产值。

创业之路如同升级打怪，每一次产品的迭代、市场的扩展、品牌的传播都来自扎扎实实的努力，来不得半点投机。一家公司可以在某个时刻选择投机，但下一时刻就会被用户和市场无情地抛弃，这样的案例不胜枚举。

产品、客户、传播、内部管理、外部融资……总有需要弥补、改进的节点。如果心存侥幸，马马虎虎就放过，往往千里之堤溃于蚁穴，会被自己侥幸放过的节点拖累。

只有消除投机心理，用死磕精神把核心基础扎牢，脚踏实地，守正笃实，久久为功，才能最终走向成功！

如果成功有捷径的话，从长期来看，坚持做难而正确的事情是唯一的捷径。

今 / 日 / 笔 / 记

不求暴利，求价值。

坚持做难而正确的事情。

第二十七忌
急功近利

企业发展之道，不在于快，而在于稳

创二：师父，有的公司创立两年半就上市了，我也想这么快。

创四：表面上是两年半，实际上他们公司在这之前做了很多准备，付出了很多努力。

创一：没有足够的时间，怎么可能真正把产品做到有价值、把企业做到卓越？

师父：任何事情都不可能一蹴而就。稳住心态，向着长远目标，一步一步往前走。

创业三十六忌之急功近利

把近期战术与长远战略相结合，把快速回报与长期投资相结合，推动企业的健康、持续发展。

简约
商业思维

"一口吃不成胖子""心急吃不了热豆腐"，这些俗语都告诉我们一个朴素的道理：凡事不能冒进。轻浮急躁的行为往往违背了自然规律，即使能在短时间内取得一点成效，也不会长久，甚至会导致更大的失败。

01

《道德经》有云："飘风不终朝，骤雨不终日。"猛烈的狂风刮不了一个清晨，急骤的暴雨下不了一整天，而微风细雨却可以持续好几日。同样，如果创业者追求速度、急于求成，往往会得不偿失、陷入困境。

饭要一口一口吃，事要一件一件干。无论做什么，都不可能一蹴而就。

作家格拉德威尔在《异类》一书中曾说，人们眼中的天才之所以卓越非凡，并非天资高人一等，而是付出了持续不断的努力。1万小时的锤炼是任何人从平凡变成世界大师的必要条件。

这个"1万小时定律"按比例计算，如果每天工作8小时，一周工作5天，那么成为一个领域的专家，至少需要5年的时间。

对创业者而言，把一个产品做得真正有价值，把一家企业做到卓越，需要付出的时间远超1万小时、远超5年。

当我们热议某家公司两年半就成功上市的故事时，其实往往忽略了它在这两年半之前，不知做了多少准备，付出了多少努力。

不要只看一个企业成功后的样子，还要看它成功前的样子。就像海水中飘浮的冰山，80%的部分都在海面以下，冰层长年累月堆积起来，才有了那20%显露在海面以上。

真实的创业之路很可能是历经15年，才刚刚在一个细分领域站稳脚跟，品牌的价值也才刚刚显现。

日积月累，方有所成，欲速则不达。

创业不是考验爆发力的短跑，而是考验耐力的马拉松，需要长期准备，苦练基本功，控制心率和速度，确立终极目标和分解目标，否则难以跑到终点。

金融资本的推动使得有些创业者两三年就能"速成"一家独角兽企业，甚至上市公司。时间可以缩短，但创业的能力、成长的过程不可缺失。产品的打磨升级、人才团队的建设、商业资源的合理利用、客户的获取和留存、市场渠道的开拓和维护、公司的经营管理等，都是创业者必须面对的关键问题。如果这些基础没打牢，那么未来如何应对突发状况和棘手问题？

根基不牢、地动山摇，脚踏实地的重要性不言而喻。"万丈高楼平地起"，无论多么卓越的企业，都是一步一个脚印、从小做大发展起来的。

无数个"今日"的积累，才能让我们在未来的"当下"更好地决策。

推动企业的健康、持续发展，除了稳步提升企业自身能力之外，还要把近期战术与长远战略相结合，把快速回报与长期投资相结合。

当我们被"短平快"的收益迷惑时，记得提醒自己要去的"终点"在哪里。

比如，降低成本是一件好事情，但降本的同时保证效率甚至增效，才能让企业良好运转。

又如完成销售目标是一件好事情，但同时要兼顾利润、费用、满意度，不然只会是一次性买卖。

短期能生存，长期有发展，这要求我们在短期与长期之间做好平衡，不能急于追求功利，否则贪多必失。

走得慢没关系，重要的是向着一个长远目标，走得稳、走得远，这才是企业发展之道。

今 / 日 / 笔 / 记

把近期战术与长远战略相结合，

把快速回报与长期投资相结合，

推动企业的健康、持续发展。

第二十七忌　急功近利

企业发展之道，不在于快，而在于稳

第二十八忌　得意忘形

面对机遇，布局要
遵循『721 原则』

创三：师父，我拿了个大奖，公司业务发展得特别好！我准备大力扩张了。

创四：真棒！赞同扩张，做得更大。你准备扩张什么业务呢？

创三：数字藏品、直播电商、智能家居……一起上马！

创二：这些与你的核心业务都无关吧？盲目多元化可是个深坑。

师父：扩张要在你主业的产业链上延展，做相关多元化，不要做无关多元化。

创业三十六忌之得意忘形

专注做擅长的事，
实践有些擅长的事，
培育可能擅长的事。
最优比例建议为7：2：1。

简约
商业思维

我们经常看到，一些初创企业已经取得了很好的成绩，市场也非常认可，可没过多久却轰然倒塌。为什么？其实很多都是因为得意忘形，在取得了阶段性成功后就自我膨胀、盲目扩张。

发展是硬道理，企业不布局成长业务、不扩张，就很难走远。但"物壮则老，是谓不道，不道早已"，《道德经》里的这句话也提醒我们，扩张要遵循常道、适度而行。

企业不能盲目扩张，不能做无关多元化，而应该做相关多元化。也就是说，要基于企业目前的核心业务，在上下游产业链之间延展，或者围绕核心客户的多层次需求，提供更多新产品去满足他们。

阿里巴巴的业务发展历程就是一个典型的相关多元化

例子。

1999 年，阿里巴巴在杭州成立，打造全球批发贸易平台；2003 年，创立了淘宝网，进军 C2C 电商市场；2004 年，创立了支付宝，强化平台基础设施来支持电商业务；2010 年，推出手机淘宝，阿里电商移动化迈出关键一步，大幅度地夯实本业，提升用户体验；2013 年，推出菜鸟物流，打造全国范围内任意一地区 24 小时送达的基础设施服务，进一步提升用户体验；2016 年，因为线上零售遇到天花板，阿里巴巴提出了"新零售"的概念，通过内生和外延持续在新零售领域不断布局，开始孵化并入股了盒马鲜生、口碑网、饿了么等平台。

此外，2009 年，因为电商业务建设了庞大的云基础设施，阿里巴巴利用这些基础设施推出首款阿里云计算业务，进入企业服务市场；2015 年，推出企业应用平台钉钉，帮助中小企业进行数字化转型，进一步深化 2B（面向企业）的业务服务。

阿里巴巴的相关多元化扩张做得好在哪里？

它遵循了扩张的基本常识：专注做擅长的业务，实践有些擅长的业务，培育可能擅长的业务。而且，三部分的资源投入比例大概分别为 70%、20% 和 10%，业务之间的资源配比也是动态平衡的，因此扩张中能够协同共进。

02

企业扩张要遵循常识，否则就会多走很多弯路，甚至掉进深坑。

第一个常识：大胆假设，小心求证。

企业在接下来的扩张阶段，应该探索什么新方向，设计什么业务组合，按照什么优先顺序投入资源，这些都需要深入调研、深度思考，也就是说要明确企业的相关多元化业务有哪些，擅长的、有些擅长的、可能擅长的业务分别是什么。

战略上，我们要先看清楚、想清楚。

第二个常识：兵马未动，粮草先行。

仗不能没准备好就打，企业扩张也不能冲动。

首先要确保主业能够持续稳定地增长。如果把资源100%投入新业务中，而忽视了给企业带来主要收入的主业，那么一旦新业务出问题，就会导致资金链断裂。

同样，如果是因为有了投资而扩张，但在钱没到账的时候就全力投入，招人、开店、扩规模，那么一旦投资方出问题，企业必定会陷入进退两难的境地。

扩张要量力而行，资金"粮草"必须准备好。

第三个常识：知彼知己，百战不殆。

如果是通过布局成长业务来扩张，那么我们既要知道市场是什么情况，也要知道自己擅长什么，将两者结合起来确定新业务的方向。

如果是通过并购来扩张，那么就要做好尽职调查和风险预案。并购的失败案例比比皆是，因为即使并购时你和对方签了对赌协议，也可能因为对方实现不了协议中的承诺，甚至没有资产补偿你，而导致企业损失惨重。

所以，无论以什么方式扩张，对自己、对合作方、对市场都要充分了解。

总之，企业扩张是必要的，但必须慎重，把握扩张的节奏，遵循基本的常识。

今 / 日 / 笔 / 记

专注做擅长的事，

实践有些擅长的事，

培育可能擅长的事。

最优比例建议为7：2：1。

第二十九忌

错失机遇

几何级增长，是误导还是真相？

创四：师父，有的企业实现了几何级增长，靠的是能力，还是机遇？

创二：其实，能够实现几何级增长的企业只是少数，大多数企业都是靠能力一步一步地实现线性增长的。

创三：我觉得只有抓住机遇，才能推动企业更加快速地，甚至跨越式地发展。

师父：能够准确、及时地把握机遇，同样需要企业不断提升自身的能力。机遇永远只青睐有准备的人。

创业三十六忌之错失机遇

企业发展的两个关键：
内部看自身的能力；
外部看机遇。

简约
商业思维

有些创业者被"几何级增长"所误导，盲目追求飞速跃迁。但从长期来看，一个企业的发展几乎不存在几何级增长，更多的是线性提升、厚积薄发。

企业的成长是在持续提升自身能力的过程中发生的，就如《劝学》中所言："积土成山，风雨兴焉；积水成渊，蛟龙生焉。"其中，"风雨"和"蛟龙"源于量的积累，并非一蹴而就的。

当然，如图 29-1 所示，好的企业在某些阶段可能会经历快速的甚至跨越式的发展，其中的关键就在于善于洞察机遇、把握机遇。

跨越式发展需要天时、地利、人和。天时一旦到来，就要抓住不放。而识别哪个是"天时"，哪个是"天坑"，靠的是洞察力。

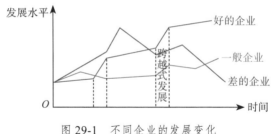

图 29-1 不同企业的发展变化

时局变动、政策调整、新科技出现、消费行为改变等，几乎每天都在发生。这些变化中蕴藏的趋势和机遇，就像刚露头的小火苗，星星点点，大多数人都意识不到，只有少数人能从"风吹草动"中看到"苗头"。

能够及时、准确地发现机遇，核心在于学会分析四大力量，即科技的力量、资本的力量、市场的力量、政策的力量。

只有不断修炼自己系统的、全局的、动态的思维和认知能力，创业者和企业家才能更好地洞察机遇，在关键时刻盘点关键人和资源，做出有效决策，顺势而为。

当我们洞察到了机遇，下一步做什么？
跳起来，抓住它。

但正如《道德经》所言："企者不立，跨者不行。"只想踮起脚尖站得更高，或者大跨步走得更快，其实都不行。

抓住机遇的前提是我们真的能跳起来，并且有足够的本事抓住它。否则，即使机遇出现了，也只能眼睁睁地看着它溜走。

过去几年，各种不确定性席卷全球，加之国际形势瞬息万变，很多企业因为无法顺应变化而走向了衰败。但在这期间，仍然有不少企业取得了进一步发展，而它们无外乎都是抓住了重要机遇。

比如 A 企业，原本有 500 家线下化妆品店，在 2017年，企业内部已经开始筹划布局线上业务。2020 年，当外部环境发生变化时，A 企业顺应趋势，抓住机遇，各区域团队从线下转战为线下线上并行，快速推进线上业务的发展，年度整体销售额也因此创下了新高。

机遇是企业实现跨越式发展的重要因素，但永远只青睐有准备的人。

企业发展，内部看自身的能力，外部看机遇，而把握机遇的能力同样需要日积月累。只有基本功扎实，准备工作到位，机遇来临时才能抓得住。

因此，企业发展要遵循三个常识：脚踏实地、专注价值、与时俱进。

脚踏实地，即打造好自身能力，并且对自身能力有充分的认知，当机遇来临时，先判断是不是自己能力范围内能够抓住的。

专注价值，即发展不能靠投机、走捷径，而要时刻专注价值的创造，真正做到满足市场需求。

与时俱进，即关注内在能力提升的同时，也要关注外部四大力量的变化。在激烈的市场竞争下，企业如果不能迭代创新，就无法保持长期发展，甚至短期都难以生存。

想揽"瓷器活"，先要有"金刚钻"。无论是洞察机遇的能力，还是把握机遇的能力，都需要我们不断修炼、提升。

今 / 日 / 笔 / 记

企业发展的两个关键：

内部看自身的能力；

外部看机遇。

第三十忌 故步自封

关注四大力量，抓住创新先机

创一：师父，我们公司是传统企业，这几年经营越来越困难，该怎么办呢？

创二：试着开发新产品，或者在内部运用新技术提高效率吧。

创三：传统企业不创新、不与时俱进，是会被市场淘汰的。

师父：企业要发展，就必须跟上时代前进的步伐，不断自我更新。

创业三十六忌
之故步自封

企业变革的常识：
居安思危，有备无患；
立足当下，面向未来。

简约
商业思维

企业到了某个阶段，很容易陷入发展的瓶颈，停滞不前。如果故步自封，只吃老本而看不到危机，即使是龙头企业，也会被竞争者"拍在沙滩上"。

《道德经》有言："夫唯病病，是以不病。"圣人之所以没有缺点，是因为他清楚自己的不足，并且能正视、纠正自己的缺点。

这对企业而言，同样适用。居安思危，有备无患；立足当下，面向未来，这是变革的常识。要在企业发展最好、产品最畅销的时候求新求变，为下一阶段的发展做好准备。

"达维多定律"告诉我们：最早进入市场的第一代产品往往能获得50%的市场份额，而第二家或第三家企业的新产品进入市场，所获利益就远不如第一家企业多。

一个企业要想在行业中立得住、立得久，就必须不断创新，并敢于率先淘汰自己的产品。

创立于 1880 年的百年老店柯达，曾占据全球相机与胶卷市场的半壁江山，其巅峰时期全球共有近 15 万名员工，业务遍及 150 多个国家和地区。

早在 1975 年，柯达的工程师就开发出世界上第一台数码相机，但遗憾的是，柯达担心自己最主要的胶卷业务会被数码业务侵占颠覆，并没有在这项关乎未来发展的业务上持续发力。

很快，柯达的竞争对手就推出了廉价的数码相机。1988 年，柯达的老对手富士更是推出了全球第一款商用数码相机。

从此，本来在技术、市场、资金、时间等方面占据绝对优势的柯达，在进入 21 世纪的数码时代后就逐渐退出了历史舞台。

因为没能跟上创新步伐而没落的企业，不止柯达这一家。

科技的发展让市场的迭代周期越来越短，再加上社会环境、消费人群的持续变化，不能顺应趋势、持续创新迭代的企业早晚会被用户和市场抛弃。

变化是这个时代最不变的规律。

企业要想在市场竞争中保持优势，除了深耕主业、打好基础外，创新必不可少。

创新的突破口从哪里找？这需要我们关注四大力量。

第一，科技的力量。

每次革命性技术的出现总是能向社会注入新的活力，要么扩大市场，要么创造新的市场。如今，智能技术、生物技术、材料技术、仿真技术等正在跨领域融合发展，创新的机遇也在增加。

第二，资本的力量。

资本重点布局的赛道，在某些行业中偏向的企业类型、特征，以及整体投资偏向的变化，都可能与我们的企业有着千丝万缕的联系。

第三，市场的力量。

生活方式的变化必然催生新的需求、新的产品、新的使用场景；用户注意力聚集处的变化也可能催生新的渠道和传播方式。

第四，政策的力量。

政策可以创造一个市场，也可以制约一个市场。新

243

的政策或法律法规的出台，以及行业协会、监管部门、公益组织发布的新规范、新倡议，都在影响着行业的发展方向，也就对应着企业应该做出的调整。

　　创业者需要了解技术的应用、资本的动态、市场的需求、政策的导向，并思考这些变化和我们企业的关系，然后从内部主动创新、主动变革。若等到外部环境逼着自己创新的时候，就已然失去了先机。

今 / 日 / 笔 / 记

企业变革的常识：

居安思危，有备无患；

立足当下，面向未来。

第三十一忌
名实不符

从『值得』到『信任』，
用品牌赢得市场

创三：师父，我们公司的主推产品卖得不太好，是不是得夸大功能、多多宣传？

创二：很多公司都这么做过，但也只是短期市场反应好。

创一：因为夸大宣传总会被识破的。

创四：别低估消费者，大家都有鉴别力。

师父：品牌宣传名副其实，你才能真正打开市场，并持续赢得市场。

创业三十六忌之名实不符

品牌建设的三个层次：
值得、喜欢、信任。
品牌建设的关键：诚信。

简约
商业思维

商业的本质除了产品好、服务好，成本低、效率高之外，还有传播准、快、广。只有把品牌名副其实地做好，才能真正打开市场，并持续赢得市场。

品牌、营销、传播三者是"你中有我，我中有你"的关系。

品牌是"道"，企业的终极目标是建立起品牌资产。

大众心中对产品的认知以及口中的评价就是品牌。一个声誉良好的品牌可以为产品或企业带来品牌溢价，这种无形资产的价值往往远超产品价值。

营销和传播是"术"。好的营销策略和传播方式能够将产品卖点植入用户心智，给用户一个"买你的产品而不买其他产品"的理由，从而顺利打开市场，完成销售目标。

对所有企业而言，做好品牌建设，赢得用户青睐，形成持久而良好的声誉，就可以提升企业的竞争力。

品牌建设有三个层次：值得、喜欢、信任。

品牌的形成是一个从零开始不断积累的过程。我们融来了资金、组建了团队、研发了产品，最终还要将其投入市场。只有被市场认可并购买的产品，才算真正实现了它的价值。

用户体验了我们的产品或服务后，无论是对功能还是价格都感觉非常"值得"；我们也根据用户反馈，不断迭代更新，让用户逐渐"喜欢"上我们的产品或服务。这种"喜欢"不断积累沉淀，就会产生"信任"。

随着市场竞争日益激烈，吸引用户、增加流量的成本越来越高。一旦企业能够将自己的产品塑造成品牌，得到市场的广泛认识、认可，甚至信任、追随，这种心智依赖和市场美誉就会降低用户的决策门槛和选择成本，使用户愿意直接定向购买，企业也将在市场中占据有利地位。

在企业经营过程中，每个细节可能都与消费者的认知和评价有着或多或少的关联，因而品牌建设需要融入企业发展的全过程。

"名"是产品和服务在用户心智中的认知，而"实"则是用户切身体验到的产品价值和服务价值。我们的品牌建设既要有"名"，也要有"实"。

俗话说，酒香也怕巷子深。现在市面上的产品越来越多，消费者的选择也越来越多，好的产品不一定有好的市场和销路。如果不投入宣传，过于低调，有实无名，没人知道，也就没人来购买；而没人购买，企业就无法存活下去。

所以，营销和传播要做到位，但不能夸大宣传，欺骗消费者。

正如《道德经》所言："信不足焉，有不信焉。"信誉不足，就会产生质疑。品牌建设最关键的就是诚信，产品或服务货真价实是根本。无论是有名无实，还是名不副实，都不可取。

我们注册的商标只是一个名字，只有当这个名字与产品相结合，并且产品拥有独特的功能并受到市场欢迎时，这才是品牌，名字也才有了价值和意义。

品牌的溢价作用是基于其背后的产品或服务支撑，而非单独存在的——没有消费者只购买一个 logo（标志）回家。

随着互联网的发展，商家可以快速并广泛地触达用户，用户也可以多平台筛选、比对。如果说以前购物是货比三家，现在就是可以货比十家甚至百家。

互联网将"比较"变得异常容易，这也提醒我们：如果产品不具备某些功能，千万不要夸大其词，否则最终交付价值有偏差，会使用户体验大打折扣，虽然一时市场反应热烈，但失去口碑和信任对品牌生命力的伤害比获得那点蝇头小利要大得多。

品牌建设，名副其实才是王道。只要产品足够好，形成口碑传播，自然能推动企业可持续增长。越能赢得用户信任的品牌，越具有市场前景。

今 / 日 / 笔 / 记

品牌建设的三个层次：值得、喜欢、信任。

品牌建设的关键：诚信。

第三十二忌
表面文章

企业文化如何
由虚到实？

创二：师父，我们公司在做企业文化建设，您看"以始为终，以人为本"这个口号好不好？

创一：口号很好，不过只有口号可不行。

创四：对，企业文化不是说出来的，而是做出来的。

创三：不仅领导者要做到，整个企业上上下下都要做到。

师父：企业文化必须落实到日常的决策、运营和管理中，不然就只是空谈。

以身作则

创业三十六忌
之表面文章

企业文化的三个常识：
切合实际、达成共识、以身作则。

简约
商业思维

企业文化建设，即使口号喊得再响，如果做不到知行合一，也只是形同虚设、表面文章。

01

《道德经》有言："处其厚，不居其薄；处其实，不居其华。"为人处世，应当敦厚而不轻薄，实在而不虚华。同样，企业文化建设也应落到实处，让人既看得见，更摸得着。

海底捞的企业文化建设就是如此。

海底捞创始人张勇曾经提到："做好火锅跟做好其他传统行业是一样的，没有什么秘密可言，就是要把我们千百年来所提倡的诚实经营、优质服务落到实处。"

海底捞提供优质服务的企业文化，不仅体现在服务顾客上，还体现在对待员工上。

在海底捞的管理层考核中，没有大多数企业视为生命线的营业额、利润额指标，但有专门设置的顾客满意度和员工满意度两个指标。

除此之外，为了让员工没有后顾之忧，海底捞每个月都会给干部、优秀员工在故乡的父母寄一部分奖金，还在四川简阳支持创办了全寄宿制民办小学——简阳通材实验学校，海底捞员工的子女可以在这里就读[⊖]。

信任也是海底捞的企业文化。在海底捞，一个店长就拥有 3 万元的签字权，大宗采购部长、工程部长和小区经理拥有 30 万元的签字权，100 万元以上的订单才需要张勇签字确认。

2006 年，海底捞还成立了工会，旨在为每个员工创造一个受尊重的平台和环境，让每个人都能感受到关心与被关心。而这些行为背后都有一个信念，那就是"人生而平等"。海底捞先让员工感到幸福和自由，再通过员工让顾客感到幸福。

在这样的企业文化下，员工在服务客户时更能主动思考与行动，从而提供优质的个性化服务。

文化影响行为。真正被践行的企业文化，自然会增强内外部凝聚力，引导和促进企业的发展。

⊖　黄铁鹰 . 海底捞你学不会 [M]. 北京：中信出版社，2011。

企业文化是内生出来的，一开始源于创始人的价值观、思维逻辑、行事方式，随着企业的发展、团队的壮大，进一步挖掘、探索、沉淀、共识。

照搬别人的企业文化，或者脱离企业的实际情况无限拔高，都是华而不实、有害无利的。比如，几个人的小团队就不适合将企业文化设计到繁多的制度当中，因为这时定原则比定制度更好。

因此我们说，企业文化首先需要符合实际情况，再注入各个流程、各个环节中。

就像一家做品牌早教中心的公司，他们制定的企业文化是"有温度"，为此，他们从多方面予以落实：

对客户有温度，校区软硬件设施安全贴心，校区环境冬暖夏凉，在深圳依然铺设地暖系统，让家长、学生到校区不冻脚，还定期回访毕业会员，送上生日慰问。

对股东有温度，定期交流，一起外出学习，统一思想目标，并给股东一定的优惠权限。

对骨干员工和老员工有温度，建立"娘家文化"，营造家的温暖氛围。

对普通员工和基层员工有温度，定期体检、团建、培训、学习，让他们的生活和精神都得到提升。

对员工家属有温度，逢年过节送上礼品和问候，优秀员工表彰直接通知家属。

当企业文化贯彻到运营管理的方方面面，无论是流程制度还是氛围环境，都会得到充分渗透，同时每个人也都会身体力行。有了这些切实的载体，文化才不会沦为空话。

别把企业文化只当成响亮的口号、墙上的标语，它应该是从上到下、一以贯之的理念准则，应该让每个人都能切身感受、时时展现。

今 / 日 / 笔 / 记

企业文化的三个常识：

切合实际、达成共识、以身作则。

第三十三忌 言行不一

被信赖的领导者，
都做到了言行一致

创三：师父，为什么我们公司的员工总是在互相欺骗呢？明明我们的核心价值观就是"诚信"。

创二：你自己有没有做到诚实守信、言行一致呢？

创一：如果公司创始人都不诚信，员工们自然也不会诚信做事。

师父：要推行一种好的企业文化，首先领导者必须以身作则。

创业三十六忌之言行不一

表率作用大于说服作用；言出必行、言行一致，才能一呼百应。

简约
商业思维

言行一致是一种优秀的品质，更是一种稀缺的能力，它是在团队中建立信任机制的基础。领导者如果做到了这一点，就可以潜移默化地影响其他人，塑造企业文化。

在一个组织中，创始人对塑造价值观、文化理念和行为体系，发挥着决定性的作用。

创始人不仅是企业的创建者、领导者，对企业经营负最大责任，还是文化的发动者、建设者，通过文化影响企业的战略和管理，影响员工的理念和言行，并最终影响企业的发展。

被誉为"企业文化理论之父"的埃德加·沙因，在他的《企业文化生存与变革指南》一书中曾表示："初创企业的另一典型特征是，它们仍处于创始人的掌控之下，这意味着此时的企业文化或多或少地反映着创始人的信仰和价值观念..."

创始人是企业文化的灵魂。

在很多初创企业中，创始人的形象就代表了企业的形象，创始人的风格就代表了企业的风格。

不仅如此，企业文化最核心的精神层面，包括信念、使命、愿景、价值观和工作准则，都源于创始人。

所以，企业文化建设常常被称为"一把手"工程。

当年联想集团创业时，内部提倡"守时"文化，曾规定：如果参加会议的人数超过 20 人，谁迟到就要罚站一分钟，上自领导层下至员工一视同仁。第一个被罚站的人是总裁柳传志原来的老领导，罚站的时候他本人紧张得一身是汗，柳传志本人也一身是汗。柳传志跟他的老领导说："你先在这儿站一分钟，晚上我到你家里给你站一分钟。"即使是柳传志本人，也先后被罚过三次。

创始人只有内心认同并用行动践行自己提倡的价值观，通过自己的一言一行、一点一滴来树立威信和影响力，才能推动企业领导层、管理层、普通员工的认同和践行，从而塑造出与价值观匹配、促进业务发展的企业文化。

一家企业的文化建设做得好不好，不是看拉的横幅大不大、口号喊得响不响，而是看企业内部所有员工的言行，最直接的就是看企业最高领导者的言行。

《道德经》有言："不争而善胜，不言而善应。"不用争夺拼抢，就能获得胜利；不用花言巧语，就能获得响应。企业文化的建设要想做到"不争而得""不言而应"，关键在于领导者，尤其是一把手的言传身教。

企业倡导的文化和价值观，如果领导者自己都做不到，那么即使提炼出了企业文化，也会流于形式，起不到任何正向作用。

用各种标准去要求别人，却不要求自己，这样的"双标"自然不会使人信服。

言行不一会造成员工对领导者、对企业文化的怀疑。

所以，企业文化建设切忌"喊口号"。如果"言"和"行"之间鸿沟巨大，员工只是记住，却没有实实在在的行动，那么便毫无意义。

表率作用大于说服作用。领导者带头执行、以身作则，才能一呼百应。

美团提倡透明、开放的管理文化。美团上市后，美团的创始人王兴依然保持在开放工位办公，他的办公区与普通员工办公区融合在一起。

正如《礼记》所言，先"诚意、正心、修身"，再"齐家、治国、平天下"。

作为企业领导者，要求别人做的每件事，都要自己先做到，言行一致，成为典范和榜样，这样员工才能看得见、跟着学，企业上下才会相信并朝着企业文化靠拢。

与那些"说一套，做一套"的领导者相比，"言必行，行必果"的领导者更容易赢得员工的信赖和敬佩，也更能无声地号召员工共同践行企业文化。

表率作用大于说服作用；

言出必行、言行一致，才能一呼百应。

第三十四忌

当断不断

三层分析，助你做好决策

很多企业之所以无以为继，与执行力涣散有关。不仅员工积极性不高、团队向心力不足，更致命的是领导者做决策时当断不断、反受其乱。

01

领导者要做到当断则断，前提是在企业内部确立"谋众决寡"的机制。这也是组织设计的核心原则：不管哪个层级，都只能有一个绝对决策者；任何事既不能无人负责，也不能由多人负责。

如果无人负责，事情就无法推进；如果由多人负责，或者负责人性格优柔寡断，过于强调所谓"民主"，决策就容易被多方干预，当断不断。

所以我们说，听取意见时可以越多越好，但最终决断时要集中于一人。

另外，一旦发现问题就要快刀斩乱麻，以绝后患。

比如，如果明知下属挪用公款，但因为对方是老员工，或者有合伙人劝说，就只把问题员工调离财务管理岗位，而未按照人事规定来处理。这样做公司内部依然有"蛀虫"存在，负面影响不言而喻。

又如，因为"沉没成本"的存在，影响了对未来的决策判断。很多创业者或经营者在决策一个项目是否值得继续投入的时候，常常不是从商业本质出发，而是从曾经的投入成本出发，计较投入产出比，以至于当断不断，没有及时"刹车"，最终惨烈失败。

经营企业，要学会及时止损，不要总顾及沉没成本。方向错误，只会越走越偏。

企业领导者在决策上的最大职责，就是做好重大战略决策和关键战术决策。

而决策没有"完美"或者"最好"之说，一把手对企业负有最大责任，拍了板、定了论，就要有勇气承担失败的风险，甚至在碰到困难和危机时，要有壮士断腕的气魄。

当然，正如《道德经》所言："正善治，事善能，动善时。"要认识并遵循事物发展的客观规律，根据时机，

顺势而为。同时，决策也应基于理性的分析，如图 34-1
所示，这其中有三个关键：知进退、懂取舍、明得失。

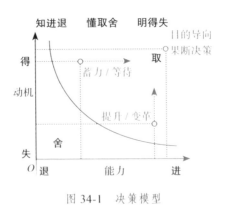

图 34-1　决策模型

进与退的分析：决策事情做与不做。

我们要结合自身能力、动机以及外在形势来判断：当
能力低、动机也低时，采取退的策略；当能力低但动机高
时，可以蓄力等待时机成熟，再采取进的策略；当能力高
但动机低时，先统一团队认知，提升团队意愿；当能力
高、动机也高时，分析外在形势是否仍然有利。

取与舍的分析：决策用什么资源或方式来做。

古人常讲天时、地利、人和。在天时方面，思考最
佳行动的时机是什么；在地利方面，思考事情成败的关键
资源是什么；在人和方面，思考决定事情成败的关键人物
是谁。

得与失的分析：决策风险能否承担。

犹豫，大多是因为不能厘清得失，更确切地说，是因为不知道自己能承担怎样的结果，害怕失去，以至于不愿意面对。既然行动有可能失败，那就先想清楚最坏的结果是什么，能否设置风险控制机制等。

总而言之，决策既不能冒进也不能保守。什么时候进，什么时候退，什么时候选择，什么时候舍弃，会得到什么，又会失去什么，都要审时度势、把握分寸。

能否当断则断，考验的是领导者的决策力。要多维分析，果断决策，永远不要用别人的思考来代替自己的思考。

今 / 日 / 笔 / 记

企业领导者在决策上的最大职责，
就是做好重大战略决策和关键战术决策。

第二十五忌

同室操戈

最致命的破坏力，来自企业内部

创二：师父，我的合伙人太会带团队了，员工们都听他指挥，这样下去公司还有我的位置吗？

创一：你的长处是战略规划，不用去防备一个擅长团队管理的合伙人。

创三：很多企业都是由于内斗而溃败的，要避免这一点啊！

师父：作为企业的最高领导者，你有多大的胸怀，才能做出多大的事业。

创业三十六忌之同室操戈

领导者的关键素质：
知人善任、胸怀宽广、积极沟通。

简约
商业思维

很多企业并不是死于市场竞争、业务亏损，而是死于合伙人之间的内斗——来自内部的破坏力最为致命。

因为内斗而伤筋动骨的企业不在少数，"真功夫"就是其中一例。

1994年，潘宇海、潘敏峰、蔡达标合伙创办"真功夫"，他们选择了完全平衡的股权结构：潘宇海持股50%，蔡达标和妻子潘敏峰各持25%。

在初创阶段，大厨出身的潘宇海始终掌握着餐厅的主导权。随着企业规模的扩大，蔡达标在谋篇布局、制定战略、策划及经营方面的才能得以体现，并被外界视为"真功夫"的真正代言人。

在往后的数年里，当"真功夫"在全国一线城市迅速扩张，并蹿升为中式快餐连锁的一线品牌时，昔日的合作伙伴也嫌隙渐生。

2006 年，蔡达标与潘敏峰婚姻解体，财产分割之后，蔡达标获得了与潘宇海同等的股权比例。

2007 年，如日中天的"真功夫"引入两家投资方，开始为 IPO 筹谋。资本进入后，蔡达标与潘宇海以各自 47% 的持股比例继续保持势均力敌的态势。但很快，董事长蔡达标在 VC 支持下积极推进"去家族化"的动作，潘宇海逐渐被架空，双方矛盾激化，接连上演内讧。

2011 年，蔡达标因涉嫌挪用资金、职务侵占被逮捕。此时的"真功夫"因长年累月的内耗，经营问题饱受诟病，被投资人先后放弃。家族内斗加上当时餐饮企业 IPO 暂缓，"真功夫"离其上市之梦越来越远。

这个真实的案例警示我们：企业最大的敌人往往不是来自外部，而是内部不能"琴瑟和鸣"、同声共气。

《明朝那些事儿》一书中曾谈道："中国历史上，共同创业的人大都逃不过'四同'的结局，同舟共济—同床异梦—同室操戈—同归于尽。"

内斗往往是打垮一个团队的最快方式。要避免这"四同"的结局，除了确保企业只有一个老大外，还要做到两个方面。

一是企业的最高领导者胸怀宽广，能容纳充满个性的人才。

正如《道德经》所说："江海所以能为百谷王者，以其善下之。"你有多大的胸怀，才能做出多大的事业。

有些领导者畏惧强人，不敢提拔大将，甚至在面对优秀的下属时自我怀疑、排挤、嫉妒乃至铲除大将，这大可不必。企业的最高领导者能做到发挥自身所长、知人善任即可，在战略方向与人格魅力上出众已实属不易，不必强求自己处处争先。

二是沟通，及时处理企业内部可能发生的人与人之间的分歧，把内斗限制到最小。

企业的创始人或领导者应该把大量的时间放在对团队内部的关注上，尤其是与核心人员的沟通上，要让大家互相信任、达成共识、形成情感联结。

这首先要充分了解合伙人和团队成员的诉求，用"适度、适配、适时"的激励，达成多方满意的利益分配、确保责、权、利的统一。

另外，即使再好的团队，观点不一致、产生摩擦或冲突都很常见。这时应积极主动地沟通、化解矛盾，在磨合中谋求一致。

无论是项目管理还是企业经营，最忌讳各自领了任务

283

就开始埋头苦干，在过程中毫无交流讨论，导致结果不尽如人意。

只有通过不断沟通，强化所有成员对企业使命、愿景、价值观、目标以及所做事情的深刻认知，才能逐步实现思想同频与方向统一。

内部能否团结一心是企业成败的关键。合伙人之间彼此包容且信任，健全责权利分配机制，别让最初的亲密战友变成最终的散伙仇人。

今 / 日 / 笔 / 记

领导者的关键素质：

知人善任、胸怀宽广、积极沟通。

第三十六忌 分崩离析

不散伙的团队，靠什么连成一体？

创一：师父，我们公司开始盈利了，可是大家的分歧和矛盾却越来越多了。

创二：那就不能光顾着搞业务了，先把矛盾处理好。

师父：合伙创业，要确保团队是一个共同体，朝着共同目标，通力协作。

创三：现在不解决，以后公司内部容易出现"帮派""山头"。

创四：特别是核心团队，没有信任、没有共识，离散伙也就不远了。

创业三十六忌之分崩离析

团队打造的三个关键：
三观一致、共同目标、能力互补或叠加。

简约
商业思维

合伙创业，如果没有底层价值观的一致，没有对远大愿景的共同向往，没有彼此之间在更大格局下的包容和信任，分崩离析就在所难免。

有一个调研：在团队共同努力完成一个项目后，让团队成员以百分数的形式评价自己在该项目中的贡献度。最后，所有人的贡献度加起来总是超过100%。

为什么会出现这种情况呢？

这是因为每个人都有认知偏差。在绝大多数情况下，我们会无意识地放大自己的能力和贡献，低估自己之外的因素。

这个调研也说明在合伙创业中，利益分配很难让所有人都满意。人天性自利，我们总觉得自己应该得到更多。

俗话说："有人的地方，就有江湖。"因为有利益的地方，必然存在争斗。

很多企业因为利益而内斗、散伙，最终灭亡，创业时的豪言壮语变成一地鸡毛。

企业发展到一定阶段，有了一些客户和盈利后，很可能会出现下一步往左走还是往右走的分歧，各个"山头"和"帮派"蠢蠢欲动。

这一时期考验的是领导者的管理水平，千万不能马虎懈怠。决策透明，管理规范，以法为基，以理服人，以情动人，都要做到位。

随着企业规模的扩大，几人、几十人、几百人、几千人的管理模式都不相同。管理应该像《道德经》中所说的"治大国若烹小鲜"一样，细致精心、因时制宜。

如果已经出现了"帮派""山头"，就应该立即处理。用人要慢，裁人要快，把危险因素消灭在萌芽阶段。

从古至今，任何事业都不是一个人能完成的，创业需要团队，同时也需要避免内部的分崩离析，所以团队打造很重要。其中有三个关键：

第一，三观一致。

真格基金创始人徐小平曾强调："合伙人的重要性

超过了商业模式和行业新选择，比你是否处于风口上更重要。"

选择合伙人不仅看品行，还看价值观。三观匹配、志同道合，是团队长久合作的基石。

在组建团队之前，合伙人之间就需要针对企业愿景、价值观、长期目标、短期目标等进行充分的交流。

第二，共同目标。

所有人对企业愿景、企业使命、企业目标达成共识，才会愿意一起做一件共同相信、共同期待的事情。有了高度的认同，团队成员自然愿意为此倾注所有的激情、智慧和能力。

另外，目标的达成并非一日之功，需要一次次的深度沟通、多视角沟通、开放式沟通。团队经过高度磨合，形成了共同的文化、价值观和行事风格，才会拥有非凡的凝聚力和战斗力。

第三，能力互补或叠加。

所谓互补，就是每个人都能发挥自己的长处、弥补彼此的短处。所谓叠加，就是团队成员有着相同或类似的优势，组合起来促使优势放大，起到 1+1 > 2 的效能。

正如我们耳熟能详的"中国合伙人"代表——新东方的三驾马车——俞敏洪、徐小平、王强的合作。三人相识于北大，凭借各自的优势，通力协作、互相补位，带着新东方一路狂奔，拿下了"中国教育第一股"，奠定了新东方早期稳固的基础。

能力互补或叠加的团队能激发彼此的潜力，使群智涌现，继而推动企业的良性发展。

当然，并非所有的团队都能完美契合。我们可以先成为理念的共同体，再成为利益的共同体，最后成为命运的共同体。

今 / 日 / 笔 / 记

团队打造的三个关键：

三观一致、共同目标、能力互补或叠加。

致谢 THANK

感谢内容共创人
（按姓氏音序排列）

曹克毅	常晓萌	楚 萌	崔宝成	崔志鹏	董 倩	段竹颖
方 兴	冯 新	官兰兰	郭惠军	何战涛	贺 洋	黄耀慧
蕙 心	金 苗	康现昌	李博宇	李骏翼	李 磊	李 丽
李曼娜	李 倩	李昔真	李艳华	李 悦	栗 彪	梁旭晶
刘 鹏	刘毅凯	刘 訾	刘作宇	陆 军	栾秀丽	罗志勇
马晓杰	马永旭	马钰洋	孟德凯	倪酝之	倪子君	庞 洁
彭楚尧	彭维斌	阮厚勇	桑 伟	盛 爽	史红领	思 谛
宋 典	宋一零	孙子系	谭丽华	檀 林	汪瑞霞	王发鑫
王飞飞	王格润	王宏强	王 金	王 凯	王琳瑜	王启源
王 悦	韦信财	吴莉莉	吴琳琳	武 玲	箫 逸	肖国平
肖权恩	谢 元	星 衡	邢 成	徐晓静	徐 一	许德保
许 婕	许静宜	许明舜	颜 辉	杨 眉	杨越铭	尹慕言
于小敏	张春雨	张 浩	张 弘	张红敏	张晋铭	张鹏扬
张 琦	张维作	张 孝	张阳阳	赵崇阳	赵冠宇	赵津卉
赵均馨	赵婉婉	赵永芳	郑明珠	周 瑞	周学平	

"简约"是谁？为谁而奋斗？

　　"简约"定位于"中国创业者的梦想加速器和终身成长塾"，肩负着"让创业者更靠谱、智慧、幸福"的使命，并以"赋能千万创业者、助力千家领袖企业"为愿景。"简约"由一群真诚且有爱的资深专业人士共同创建，其中包括清华大学教授、中关村龙门投资董事长徐井宏，中甬投创始合伙人、新华社原记者朱天博，以及多位曾在世界500强企业、国内上市公司和知名投资机构任职的高层管理者。

　　"简约"为赋能新一代中国创业者而奋斗，致力于帮助他们以简驭繁、加速成长，提升商业智慧和生活幸福感，从而实现自我价值与创业梦想。"简约"创建了"简约商业思维""简约时事认知"和"简约幸福人生"三大赋能体系，并构建了集创业团队365护航计划、教练1V1深度陪伴和投融资顾问于一体的系统解决方案。

　　截至2023年，"简约"已经进行了300多场《复杂的时代，简约的力量》创业主题分享，并为来自清华企业家协会、正和岛、亚杰商会等多个知名机构的300多位创业者提供了加速赋能服务。目前，"简约"正在发起成立专注于投资早期项目的简约众创天使基金。展望未来，"简约"计划与更多志同道合的伙伴共建创业服务新生态。

关注简约商业思维，进入创业者社群，共同加速成长。